RECHERCHES

SUR L'ÉTAT ACTUEL

DES SOCIÉTÉS POLITIQUES.

Le gouvernement sous lequel, sans moyens étrangers, sans naturalisation, sans colonies, les citoyens peuplent et multiplient davantage, est infailliblement le meilleur.

Rousseau, *Contrat social*, liv. III, chap. IX, --- *Des signes d'un bon gouvernement.*

RECHERCHES

SUR L'ÉTAT ACTUEL

DES SOCIÉTÉS POLITIQUES,

OU

Jusques à quel point l'économie intérieure des états modernes leur permet-elle de se rapprocher de la liberté et de l'égalité?

PAR LE C.ᵉⁿ A. M. RAGOUNEAU,

Commissaire de l'autorité publique près les octrois de Strasbourg; Membre de la société d'agriculture, des sciences et arts de cette ville.

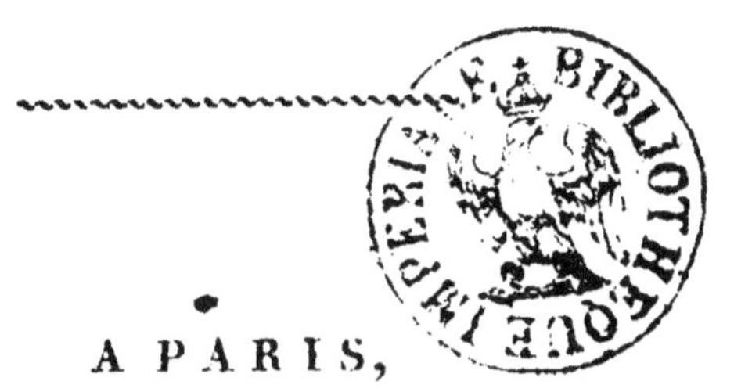

A PARIS,

CHEZ LEVRAULT, FRÈRES, LIBR. QUAI MALAQUAI.

AN XI (1803).

Strasbourg, chez les mêmes, rue des Juifs, n.° 33.

AVANT-PROPOS.

Le mot *économie* vient de deux mots grecs *οικος* et *νομος*, qui signifient lois de la maison : les mots *économie politique* devraient donc signifier lois ou constitution de l'état. C'est le sens que lui avaient donné d'abord, et le dictionnaire de l'Encyclopédie, et Rousseau de Genève, dans un discours qu'il fit sur l'économie politique.

Comme le but d'une bonne administration est de ménager le revenu, on appella bientôt économie, la vertu qui porte à faire des épargnes; et *économies*, au pluriel, ces mêmes épargnes et les produits de l'économie. La signification première fut abandonnée, quoique le mot *économe*, en conservant la sienne, ait continué de désigner le régisseur d'une propriété ou d'une maison, et que l'on ait toujours dit d'un bon père de famille, que c'était un bon économe.

Les mots *économe* et *économie politique* n'eurent pas le même sens. Ceux qui furent chargés de diriger les principales parties de l'administration publique, ont été appelés ministres ou administrateurs, et leur science, la science de l'administration. On a bien dit, l'économie et les économies du gouvernement, mais comme on dit, l'économie et les économies d'un individu; et l'économie politique n'a pas désigné particulièrement l'économie des revenus de l'état.

Cependant, *les premières sources de la prospérité d'un empire ne sont pas remises à la disposition des gouverne-mens ; et c'est,* dit M. Necker, *un bonheur pour l'humanité.* Il est des principes de la richesse des nations ; il est pour les peuples, comme pour les individus, des règles de conduite au moyen desquelles ils montrent plus d'activité, développent plus de ressources, les employent avec plus d'intelligence, et tirent un plus grand parti d'eux-mêmes. La connaissance de ces règles et de ces principes fut appelée la science de l'économie politique.

Quoiqu'il n'y ait pas une seule opération du gouvernement qui n'ait une grande influence sur l'économie politique, cependant, comme le gouvernement n'en dirige point les ressorts, comme la société est entièrement livrée à l'intérêt particulier, l'économie politique peut être considérée indépendamment de la science de l'administration..

C'est dans ce sens que les mots *économie politique* sont entendus depuis environ quarante ans, et c'est aussi l'acception que je leur ai donnée dans tout le cours de cet ouvrage..

Le mot *économie* est pris encore dans un sens passif et plus rapproché de son étymologie ; il signifie l'ensemble des lois organiques d'un corps : c'est ainsi que les médecins disent, l'économie du corps humain.. C'est dans ce sens que j'ai employé, d'après des publicistes , les mots *économie sociale , économie intérieure de la société , économie publique* ou *générale.*

Je me suis également servi du mot

liberté , ce mot qui a éprouvé tant de fausses et dangereuses interprétations.

La liberté , prise dans son acception la plus étendue, signifie le pouvoir donné à l'homme de faire tout ce qu'il veut.

Dans l'état de nature, le pouvoir de l'homme n'est restreint que par des obstacles physiques ; mais ces obstacles sont si multipliés que la liberté de l'homme n'est peut-être jamais plus restreinte que dans l'état de nature.

Dans l'état de société, l'homme exerce sa liberté d'une manière bien différente.

J'ai distingué quatre espèces de liberté : la liberté politique ; c'est celle dont jouit le citoyen considéré comme membre du souverain, lorsque l'état n'est soumis à aucune volonté despotique ou étrangère : la liberté civile ; c'est celle dont jouit le citoyen considéré comme sujet du souverain, lorsqu'il obéit à la loi et qu'elle lui garantit le pouvoir de faire tout ce qu'elle ne défend pas : la liberté morale; c'est celle qui rend l'homme maître de ses passions, et supérieur aux événemens : la quatrième, que j'ai appelée la liberté individuelle, est celle du particulier que sa fortune et sa modération rendent indépendant de ses semblables.

J'avais à rendre une idée qui n'est exprimée par aucun mot dans notre langue, et j'ai donné au mot *industrieux* une acception qui n'est pas consacrée par l'usage : je l'ai expliqué dans une note particulière.

J'ai aussi déterminé dans une note

le sens que j'ai donné au mot *luxe*, ce mot qui présente une idée si vague et si peu définie.

Je terminerai cet avertissement par quelques réflexions sur le fond même de mon ouvrage.

Je ne me suis pas dissimulé qu'il exigeait plus de connaissances que je n'en possède, et une plume plus exercée que la mienne; mais je ne pouvais me servir que de moi-même, et je n'ai pas voulu abandonner l'exécution d'une idée que je crois juste, neuve, et surtout qui me paraît l'utile correctif de beaucoup d'opinions d'autant plus dangereuses qu'elles sont vraies, si on les considère isolément. Mon idée consiste à lier l'examen de toutes les questions politiques à l'examen de l'économie sociale. Je prétends qu'il faut rechercher non-seulement ce qui est bon en soi, mais encore ce qui convient à notre état de civilisation. Cette vérité a été sentie et pensée par tout le monde ; mais personne, du moins je le crois, n'en a fait encore le sujet particulier d'un ouvrage.

PRÉFACE.

L'ÉCONOMIE politique ne fut pas inconnue des anciens, comme quelques modernes l'ont avancé. Cette science fit même autrefois partie de la législation. La loi réglait l'éducation des enfans. La constitution sociale permettait de pourvoir aux besoins de l'État, comme on pourvoit à ceux d'une famille. Aussi les anciens législateurs, Zoroastre, Licurgue, Platon, Moyse, Numa Pompilius, ont-ils été de grands économistes.

Le système moderne diffère entièrement de celui des anciens : la loi se bornant à maintenir le droit de propriété, à régler l'ordre des successions, à garantir tous les contrats civils, abandonne d'ailleurs la conduite des citoyens aux seules impulsions de l'intérêt particulier.

Cependant, comme toutes les lois et tous les actes de l'autorité publique, influent plus ou moins indirectement sur l'économie intérieure de la société, les grands administrateurs ne l'ont jamais perdue de vue. Plusieurs sages réglemens de Sully appartiennent à l'économie générale. Quel service ne lui rendit pas Colbert, qui (¹) soulagea l'agriculture, créa le commerce et l'industrie, et rendit honorables les professions de manufacturier et de négociant ? Si ce ministre n'a point su s'arrêter à propos ; si, après avoir créé le commerce et l'industrie, il ne les a point assez livrés à eux-mêmes ; s'il s'est trop abandonné aux conseils des négocians dont il avait su s'entourer, ses fautes tiennent au bien même qu'il a produit. Ne prononçons point légèrement sur les erreurs ; ayons toujours présens les bienfaits, et n'oublions plus que la magie des grands noms est une religion qu'il importe surtout de respecter.

Les détracteurs de Colbert rappellent la secte des économistes français. Le médecin Quesnay, raisonneur ingénieux et penseur profond, en fut le fondateur. Dans le langage enthousiaste de ses sectaires, l'économie politique n'était désignée que sous le nom de *la science*. Quesnay ne s'appelait que *le maître ;* et son ouvrage n'avait d'autre titre que le *livre*. Le *livre* était accompagné de tables économiques, qui représentaient, sous la forme d'un arbre et de ses branches, toute la circulation de la richesse, et, suivant le père du grand Mirabeau, devaient, après l'art de la parole et le secret découvert de la poudre à canon, marquer la troisième grande révolution produite par l'esprit humain.

Les économistes envisagèrent l'économie politique sous un point de vue particulier, et se crurent les créateurs de cette science. Leur but était de déterminer l'impôt qu'il fallait établir. Pour résoudre ce problème, ils recherchaient d'après quelles lois le revenu national se répartit entre toutes les classes de la société, et cette recherche les conduisait à découvrir quels moyens tendent le plus à l'accroissement du revenu national.

.D'après le nouveau système, la terre était le principe de la richesse. Les économistes n'opposaient cependant pas la terre au travail; ils l'opposaient à l'industrie et au commerce. Le travail, suivant eux, était aussi un principe des produits, mais seulement quand on l'appliquait à l'agriculture. Le travail employé par l'industrie et le commerce, était un travail improductif. Les artisans, les manufacturiers et les commerçans étaient des espèces de serviteurs des propriétaires, serviteurs fort utiles, sans doute : mais comme leur travail ne remplaçait précisément que leur consommation et celle des maîtres qui les employaient ; comme ils ne pouvaient accumuler qu'à force de parcimonie, ils étaient incapables de payer l'impôt. Tout impôt établi sur eux tombait en dernier résultat sur les propriétaires ; il était donc plus simple, plus facile et moins dispendieux, d'imposer directement la propriété, et de n'imposer qu'elle.

Ce que ce système offrait de particulier, c'est qu'en traitant les uns d'une manière humiliante, il les exemptait entièrement de l'impôt, dont il faisait retomber tout le poids sur les autres, comme une charge honorable que commandait leur supériorité ; de sorte que son résultat ne devait pas moins déplaire aux propriétaires, que ses motifs aux commerçans et aux *industrieux*. Cependant, les économistes avaient une manière de raisonner précise et serrée ; et leurs adversaires eux-mêmes furent tellement étourdis par la force apparente de leurs raisons, que, tout en trouvant leur système absurde et inexécutable, ils confessaient que *les assertions en étaient d'une évidence incontestable et d'une démonstration rigoureuse, et qu'en les combattant comme fausses, on ne pourrait leur opposer que de vains sophismes.*

Je suis bien loin de partager une opinion qui fait peu d'honneur à la logique. Si les raisonnemens des économistes étaient incontestables, je croirais leur système excellent ; et c'est parce que je crois leur système faux, que j'oserai accuser aussi de fausseté les raisonnemens sur lesquels il est établi.

La terre est le principe (ou le commencement) de toutes les richesses. Le travail employé par l'agriculture est essentiellement productif. Ces deux premières propositions me paraissent d'une évidence incontestable.

Mais on ajoute : *le commerce et l'industrie sont improductifs, et ne remplacent exactement que ce qu'ils consomment.*

Cette assertion me paraît fausse dans le seul sens qu'elle puisse présenter.

Des ouvriers ont acheté des matières brutes et informes ; ils les ont converties en objets utiles : pendant ce temps ils ont consommé des produits alimentaires et des marchandises. Comment comparer la valeur d'utilité qu'ils ont créée, avec celle qu'ils ont détruite par leur consommation ?

Le commerçant achète une marchandise : il ne la modifie point, il n'y ajoute rien ; il la revend telle qu'il l'a reçue ; il n'a rien produit. Comment a-t-il pu compenser ce qu'il a dû consommer ?

Il ne peut donc être question ici que de la valeur d'échange, et la proposition des économistes doit sans doute être entendue ainsi :

Que le prix de la marchandise fabriquée par l'ouvrier, est égal au prix des matières premières qu'il a employées, plus au prix de ce qu'il a consommé pendant la durée de son travail.

Que le prix de vente de la marchandise, sortant des mains du commerce, est égal à son prix d'achat, plus à la dépense du commerçant pendant qu'il a conservé la marchandise.

Or, il est possible de démontrer mathématiquement que cette proposition est vicieuse.

Premièrement, l'habileté des différens ouvriers est inégale; leurs besoins ou leurs charges ne sont point les mêmes; leurs familles sont plus ou moins nombreuses : si celui qui a le moins d'industrie et le plus de besoins peut subsister avec le prix de son travail, celui qui, avec moins de besoins, possède une industrie supérieure, pourra économiser une partie de son salaire.

Secondement, suivant les économistes eux-mêmes, le prix de la main-d'œuvre remplace, et la dépense de l'artisan, et celle du fabricant ou du manufacturier qui l'emploie. Or, si pour suppléer à la consommation de chacun de ces derniers, il suffit, par exemple, du bénéfice que procurent deux ouvriers, chacun pourra mettre en réserve une somme d'autant plus forte qu'il occupera plus d'ouvriers au-delà du nombre nécessaire pour sa subsistance.

Troisièmement, si dans le commerce nous déterminons la quantité de marchandises qu'a besoin de vendre un commerçant pour que son bénéfice remplace sa propre consommation, celui qui vend davantage a le pouvoir d'économiser proportionnellement une partie de ses gains.

Mais, qu'est-il besoin ici de raisonnement ? Les riches marchandises accumulées de toutes parts dans les magasins des commerçans, n'attestent-elles pas, ne représentent-elles pas, ne sont-elles pas elles-mêmes, les économies du commerce et de l'industrie ?

Suivant la secte économique, ce n'est qu'à force de parcimonie que les non-propriétaires ont pu former ces emmagasinemens. Eh quoi, le manufacturier qui fournit à vingt familles et leur subsistance et les moyens d'amasser pour la stérile vieillesse ; qui, en s'environnant de toutes les jouissances et même de tous les agrémens du luxe, laisse encore un immense héritage à ses enfans : le commerçant dont les marchandises parcourent toutes les contrées : cet armateur dont les

vaisseaux sillonnent toutes les mers,
ne se seraient procuré tant de richesses qu'à force de parcimonie ! Les fabricans et les commerçans ne sont-ils
pas tous dans le même cas que les
propriétaires ? Si ceux-ci ne possèdent
qu'une rente égale à leurs besoins, ils
ne peuvent rien économiser ; et si les
autres fabriquent ou vendent plus de
marchandises qu'il ne leur est nécessaire d'en fabriquer ou d'en vendre
pour assurer leur existence, ils peuvent mettre en réserve une partie de
leur gain. Enfin, il n'y a point de différence entre eux : il ne peut rester
aux uns et aux autres, après leur consommation, que ce qu'un revenu supérieur à leurs besoins, ménagé par
l'économie, leur aura permis de mettre
en réserve.

Non - seulement le produit net du
revenu national, estimé au moment
de la consommation, est supérieur au

produit net de la terre; mais le revenu net de la terre n'appartient point encore exclusivement aux propriétaires.

L'agriculture a eu besoin d'avances; et si le remboursement de ces avances, quantité pour quantité, a dû être prélevé sur le produit brut avant d'établir le produit net, l'intérêt dû et payé pour ces mêmes avances ne peut être pris que sur le produit net, et fait partie de ce dernier.

Enfin, le revenu net de la propriété n'est point encore entièrement le revenu des propriétaires : si ceux-ci ont contracté des dettes, une partie de leur revenu sert à en acquitter les intérêts, et devient un revenu pour les capitalistes.

Ainsi le revenu national net est partagé entre l'agriculture, le commerce et l'industrie.

Le revenu net de l'agriculture est partagé entre les propriétaires et les capitalistes qui ont fait à l'agriculture les avances dont elle avait besoin.

Le revenu net de la propriété est partagé entre les propriétaires et leurs créanciers.

Or, s'il ne revient aux propriétaires qu'une partie du revenu national; si cette classe est la plus gênée dans ses moyens; si c'est à elle qu'il est le moins facile de se priver d'une partie de ses revenus; si quelquefois ses revenus sont entièrement nuls, il serait injuste, et même inconséquent, de faire porter sur elle tout le poids de l'impôt.

Il devient superflu, sans doute, de discuter plus longuement un système regardé généralement comme une brillante rêverie, et de l'exécution duquel aucun peuple ni aucun homme d'état ne s'est jamais occupé sérieusement.

Depuis long-temps on ne se ressouvient plus ni de Quesnay, ni du

Livre, ni des Tables économiques. Le nom seul des économistes n'est point encore oublié ; il rappelle une secte d'hommes personnellement respectables , de philosophes qu'anima l'intérêt de l'humanité, de citoyens estimables jusques dans leurs erreurs.

Cette secte même a produit beaucoup de bien, mélangé, il est vrai, d'un peu de mal : elle a obtenu des réglemens utiles à l'agriculture ; elle a tourné tous les esprits vers le premier des arts. Mais si, en promettant des trésors à tout le monde, elle a fait défricher quelques terres, elle a aussi ruiné quelques enthousiastes, dont les imprudens et généreux efforts ont démontré que, si les travaux de l'agriculture sont les travaux les plus productifs, ils peuvent aussi quelquefois ne point rembourser les avances qu'ils ont nécessitées.

Pendant que ces nouvelles opinions

économiques occupaient en France tous les esprits, Steward, auteur anglais, publiait une doctrine entièrement différente.

Suivant cet écrivain, l'accroissement de la population, et l'augmentation de la richesse, sont le double but de l'économie politique. Elle recherche donc comment on pourrait n'employer le revenu qu'à entretenir tous les membres de la société, et tous les membres de la société qu'à reproduire un revenu.

Steward établissait pour premier principe, que le nombre des citoyens est en proportion des produits du sol;

Pour second principe, que le nombre des *industrieux* ne peut être qu'en proportion de l'excédant du revenu des propriétaires et des cultivateurs.

Le désir d'obtenir les commodités et les agrémens que procure le luxe, lui paraissant le seul motif qui puisse engager les propriétaires à multiplier les produits de leurs terres et à s'en dessaisir, il en concluait que le luxe doit être en proportion de l'ouvrage que peut fournir le nombre des ouvriers.

S'il y a moins de luxe que de moyens industriels, l'industrie n'est point suffisamment un moyen d'existence ; si, au contraire, il y a plus de luxe que l'industrie nationale ne peut en satisfaire, une partie des produits agricoles achètera de l'étranger des objets de luxe, et la population ne sera plus en proportion avec les produits du sol.

Le problème de l'économie politique consiste donc à proportionner le nombre des demandes et des ouvrages, car de leur équilibre doit résulter l'entretien et l'occupation de tous les membres de la société.

S'il y a moins de demandes, il faut exciter le luxe, et favoriser, à tel prix que ce soit, l'exportation des marchandises nationales.

Si, au contraire, il y a plus de demandes que d'ouvrages ; si le luxe sacrifie aux étrangers la subsistance d'une partie de la population, il faut décourager l'industrie étrangère et l'imposer.

Enfin, si à l'aide de ces moyens on ne peut encore réussir, on doit renoncer entièrement au commerce.

D'un autre côté, il est utile aussi de favoriser, encourager et tâcher d'étendre l'industrie nationale.

Tel est le fond de la doctrine de Steward. De tous les écrivains économistes, sans exception, il me paraît être celui qui a le mieux déterminé le but que devait se proposer l'économie politique.

Il a parfaitement établi que le nombre des hommes est, dans chaque nation, en raison composée de la fertilité du sol et du travail des habitans : que si, d'une part, une nation ne peut avoir plus de citoyens que son territoire n'en peut nourrir ; de l'autre, elle ne consent et ne cherche à les nourrir tous qu'autant qu'ils sont tous occupés : conséquemment, que si le but de l'économie politique est l'entretien et l'occupation de tous les membres de la société, son problème ne consiste qu'à proportionner le nombre des demandes et des ouvrages. Mais, à partir de ce point, la doctrine de Steward me semble manquer de justesse.

Il n'a point aperçu l'influence que l'économie des particuliers exerçait sur l'économie publique : il n'a point observé que l'économie demande des marchandises à l'industrie pour les accumuler et les revendre, comme le luxe pour les dissiper et les consommer ; que, si l'industrie a besoin de celui qui achète et qui lui rembourse ses avances, elle a plus immédiatement besoin de celui qui peut lui en faire, et qu'elle ne doit en attendre que des capitaux accumulés et employés par l'économie : il n'a point reconnu qu'à l'aide de la seule économie on pouvait proportionner les demandes et les besoins, et que c'était à elle qu'il appartenait de résoudre le problème qu'il avait proposé.

Steward a également avancé qu'un peuple qui, pour fournir à son luxe, sacrifie une partie de ses produits agricoles, doit employer tous les moyens pour empêcher la consommation des marchandises étrangères, et favoriser la consommation des marchandises nationales; et même que, pour parvenir à ce résultat, il vaudrait mieux renoncer entièrement à toutes relations étrangères.

Cette maxime, établie d'une manière générale, est essentiellement vraie. Mais ce philosophe n'a point examiné si les peuples pourraient renoncer au commerce : il conseille des taxes, des prohibitions, des gratifications, sans rechercher l'influence de ces moyens sur l'économie intérieure de la société; sans considérer si ces mesures sont efficaces, si elles ne créent point de nombreux et nouveaux abus, plus funestes que le résultat auquel elles s'efforcent en vain de remédier.

Cet écrivain anglais a donc parfaitement posé les bases de l'économie politique; mais il n'a créé qu'un système incomplet.

Il diffère des économistes français, et dans le but qu'il s'est proposé, et dans la manière dont il a envisagé l'économie politique. Quesnay n'avait en vue que la solution d'une question administrative qu'il cherchait dans l'examen de l'économie intérieure de la société. Steward, au contraire, s'est proposé directement de rechercher comment l'économie politique contribue à l'accroissement de la population ; mais, se bornant à des maximes générales, et à quelques aperçus présentés sans ordre, il n'observa point toutes les parties de l'économie intérieure, il n'en suivit point tous les mouvemens. Le but que s'était proposé Steward, était supérieur ; la méthode de Quesnay était préférable. Ils différaient encore dans leur doctrine, en ce que, suivant les économistes, il suffisait de multiplier les produits de l'agriculture pour multiplier les hommes, tandis qu'en convenant de cette vérité physique, Steward y ajoutait que, le luxe pouvant seul engager les propriétaires à multiplier les produits de la terre, il était le seul principe des progrès de l'agriculture. (*)

____

(*) Je ne parle point ici de la contradiction con-

Tel était l'état de la science de l'économie politique, lorsque Smith parut. Ce professeur dirigea toutes ses recherches et toutes ses méditations vers l'économie intérieure des sociétés.

Toute sa doctrine se trouve renfermée dans les deux premiers livres de son immortel ouvrage, comme l'a très-bien observé son dernier traducteur.

Smith examine successivement quelles causes ont multiplié les forces productrices du travail ; quel est l'ordre suivant lequel les·produits en sont naturellement distribués dans la société ; et quels moyens concourent davantage à l'accroissement de la richesse des nations.

Toutes les causes qui ont augmenté les forces productrices, lui paraissent dérivées d'un seul principe, de la di-

tinuelle des applications de ces deux systèmes, parce qu'il faudrait examiner comment leurs conséquences dérivent de leurs principes.

vision du travail. Les travaux sont d'autant plus divisés que les rapports entre les hommes se multiplient davantage ; et ces rapports se multiplient en raison de ce que là le marché s'étend et s'agrandit, conséquemment en raison de ce que le commerce jouit d'une plus grande liberté.

Smith passe ensuite, et dans le même livre, à l'examen de la seconde question.

Il sépare la société en trois grandes classes : la classe propriétaire ; la classe qui vit de son travail ; et celle qui, disposant de la richesse mobiliaire, c'est-à-dire, de tous les produits déjà créés, de toutes les marchandises déjà fabriquées, avance au travail les matières premières et les subsistances dont il a besoin.

La rente de la terre est le revenu de la première classe ; le salaire, le revenu de la seconde ; l'intérêt de l'argent, le revenu de la troisième.

Chacun de ces revenus sert à la consommation de chaque classe, et peut donner lieu à des économies et à un produit net.

Le prix de toutes les marchandises, au moment de leur vente, se divise en trois parties : il paie ou rembourse et la rente de la terre, et le salaire du travail, et l'intérêt des avances qui ont dû être faites.

La proportion suivant laquelle le revenu national se répartit entre ces trois grandes branches des revenus particuliers, varie suivant des circonstances que Smith a déterminées.

La rente de la terre et le salaire du travail augmentent et diminuent en raison inverse de ce que l'intérêt des capitaux avancés diminue ou augmente.

Le second livre du Traité des richesses est entièrement consacré à l'examen de la troisième question.

Smith divise toutes les richesses

d'une nation en capitaux destinés à
la consommation, en capitaux circulans, et en capitaux fixes. Les premiers
portent avec eux leur définition; ils
sont tous les produits ou toutes les
marchandises possédées par ceux qui
doivent les consommer : les seconds
représentent l'argent, les produits et
les ouvrages qui, déposés dans les magasins du commerce, sont destinés à
en sortir et à circuler : les troisièmes
comprennent la terre, le travail, tous
les instrumens et toutes les machines
de l'agriculture et de l'industrie.

Les premiers ne rapportent aucun
revenu ; les seconds rapportent un
revenu à ceux qui les possèdent, et
n'en rapportent point à la société; les
troisièmes seuls rapportent un revenu
et à leurs possesseurs et à la société.

Les premiers se consomment toujours; ils sont continuellement rem-
placés par les capitaux circulans, et

ceux-ci le sont à leur tour, au moyen de capitaux fixes.

Parmi les capitaux fixes, la terre, les mines et les pêcheries, aidées du travail, produisent les élémens de la richesse ; le travail, les instrumens et les machines de l'industrie, s'emparent de ces premiers produits, et les rendent propres à la consommation. La terre, les mines, les pêcheries et les machines , produisent d'autant plus qu'elles sont plus activées par le travail. Il y a d'autant plus de travail employé, qu'une nation possède plus de capitaux, et qu'une plus grande économie en dirige l'emploi.

Telles sont les idées principales de Smith. J'ai respecté et suivi la série dans laquelle il les a présentées lui-même; et l'on voit que cet écrivain n'a manqué ni d'ordre ni de méthode, et que l'auteur du Traité des richesses a su faire un ouvrage. (²)

Il donna à son traité le titre que Steward avait donné au sien, et cependant l'on ne peut comparer sa doctrine avec celle de ce dernier. Steward, après avoir posé les bases de l'économie politique, a négligé d'observer l'économie intérieure des sociétés, et Smith a porté toutes ses vues sur ce qui avait échappé à Steward.

La doctrine de Smith peut s'opposer beaucoup mieux à la doctrine des économistes français : car si le philosophe anglais n'a point prétendu, comme ceux-ci, déterminer quel impôt devait adopter une nation; comme eux, il a recherché d'après quelles lois le revenu national se répartit entre les différentes classes de la société, et par quels moyens une nation peut accroître sa richesse.

Suivant les économistes français, le revenu national fournit à la consommation de toutes les classes; mais après tout ce qui a été consommé, il ne reste de revenu net qu'à la classe des propriétaires.

Suivant Smith, le revenu national, réparti entre toutes les classes, peut fournir à la consommation de toutes, et donner à chacune un produit net.

Les économistes ont regardé la terre comme le principe de tous les produits (³). En convenant que l'agriculture est la source la plus féconde de la richesse, Smith lui associe l'industrie et le commerce, qu'il considère aussi comme productifs.

Les premiers ne voudraient voir consacrer de travaux qu'à l'agriculture: en restreignant cette opinion, et en la trouvant raisonnable comme un vœu, le second prétend que l'emploi des fonds et du travail doit être abandonné aux seuls calculs de l'intérêt particulier.

Enfin, ceux-là ont bien établi que le travail de la société devait se diriger vers l'agriculture, mais ils n'ont point recherché par quels moyens on pouvait lui donner cette direction. Smith a reconnu les causes qui donnaient plus d'activité au travail, et conséquemment plus d'accroissement à la richesse ; il les a trouvées dans l'accumulation des capitaux et dans l'économie. (4)

L'auteur du Traité des richesses est un génie supérieur, qui, après avoir ramassé toutes les idées répandues sur l'économie politique, les a jugées, en a créé de nouvelles, et n'a plus laissé à ceux qui viendraient après lui qu'à étudier ses principes, et à s'en pénétrer. Aussi n'aurais-je point osé me présenter dans la carrière, si je ne m'étais frayé une route nouvelle, en rapprochant l'économie politique de la manière dont les anciens l'avaient envisagée.

Quoique par la nature même de notre état social la législation soit étrangère à l'économie intérieure de la société, celle-ci n'en doit pas moins devenir l'objet des méditations du législateur.

La société existe avant les gouvernemens ; c'est pour la conservation de la société que les gouvernemens, quelle que soit leur forme, ont été institués : or, comme la législation ne peut diriger l'emploi de la richesse et du travail ; comme c'est l'intérêt particulier qui, par des causes indépendantes du gouvernement, imprime le mouvement général à la société, la politique ne peut se proposer un but particulier, qu'en le conciliant avec ce que lui permet la constitution sociale.

Pour présenter mes idées d'une manière plus précise, il me fallait choisir une forme de gouvernement. J'ai dû préférer le gouvernement de ma patrie. Ainsi, comparant la politique à l'économie générale, j'examine celle-ci dans ses rapports avec le but que se propose une république, en n'attachant à ce mot d'autre sens que celui que lui ont donné les peuples modernes. Puisse cet examen démontrer à mes concitoyens, qu'ils ont la possibilité d'être aussi libres qu'il est permis aux hommes civilisés de le devenir; et que l'accroissement de leur bonheur et de leur liberté dépend moins encore de la politique que de leurs mœurs et de leurs vertus !

DES RAPPORTS

De l'Économie publique avec le but politique de la société.

INTRODUCTION.

L'ÉGALITÉ est le principe de la liberté, et le but d'une république.

Par la nature de la société politique, les hommes sont inégaux et dans un état de dépendance.

Les républiques, en voulant se rapprocher de la liberté, trouvent donc en elles-mêmes un obstacle, avec lequel il devient indispensable de combiner leur action ; car il ne s'agit plus de marcher vers l'ordre, la liberté et l'égalité, par ces moyens directs qui, en produisant la confusion, l'anarchie et la plus insupportable inégalité, n'auraient d'autre résultat que la dissolution du corps social.

L'égalité de droits, à laquelle les publicistes ont été obligés de se restreindre, et qui consiste dans l'égale protection de la loi, n'est que la confirmation de l'inégalité de biens introduite dans la société politique; et la liberté civile, en préservant de toute autre dépendance, maintient essentiellement celle établie par l'inégalité des richesses.

Ainsi, la politique est subordonnée à l'économie publique. Les lois ne peuvent point vouloir, ne peuvent point établir plus de liberté que la nature de l'état social n'en permet et n'en comporte. Ainsi, l'économie politique ne se propose pas seulement des recherches sur les richesses des nations; elle n'apprend pas seulement aux peuples les moyens d'accroître leur puissance; elle enseigne aussi comment les hommes peuvent devenir plus libres et plus heureux, jusques à quel point ils peuvent le devenir; et, déterminant les limites qu'il ne leur est pas permis d'outre-passer, elle éclaire la philosophie comme la politique.

Ces méditations appartiennent d'autant plus à l'homme, que la société au sein de laquelle il vit, est son ouvrage : car la nature n'a point élevé l'édifice social; l'art seul l'a formé, en rassemblant des matériaux épars et isolés sur la terre. La nature n'a point institué le droit de propriété, imaginé le luxe, inventé des arts mécaniques, donné de la valeur aux métaux et frappé des monnaies. Elle n'avait creusé des canaux que pour le lit des rivières; ce n'est point elle qui a construit des vaisseaux et fabriqué des voiles pour que tous les peuples échangeassent leurs productions.

L'homme qui, au moment de la création, n'était supérieur aux autres espèces animales que par la faculté de s'élever lui-même au-dessus d'elles; l'homme, n'est sans doute que le moyen dont la nature a voulu se servir pour modifier ce qu'elle avait d'abord établi. Mais il n'en est pas moins vrai que la civilisation n'est point primitive, et qu'elle a eu sa marche et ses progrès.

Comment se sont établis successivement le droit de propriété, le luxe, l'industrie, les monnaies et le commerce?

Quelle fut leur influence sur l'accroissement de la population, sur l'aug-

mentation de la richesse, sur la puissance du corps politique, sur le bonheur des individus? Jusques à quel point permettent-ils encore aux républiques modernes, de se rapprocher de la liberté et de l'égalité?

Pour parvenir à résoudre ces problèmes, il faut remonter à l'origine des sociétés politiques; et j'imiterai cet ingénieux * géographe qui, avant de faire connaître la terre occupée par différens peuples, parsemée de villes, coupée de chemins et de canaux, nous la représente d'abord avec ses mers, ses lacs, ses rivières, ses plaines et ses montagnes, telle qu'on la voit dans le livre de la nature.

---

* M. Mentelle.

PREMIERE ÉPOQUE.

Du droit de propriété et de l'institution des familles.

Le premier degré de la civilisation rappelle les peuples chasseurs; le second, les peuples pasteurs; le troisième, les peuples agricoles.

Avant la découverte de l'agriculture, les hommes n'avaient pu se fixer sur un territoire; et, long-temps après encore, les sociétés agricoles furent errantes de contrée en contrée. Ignorant l'art de rendre les mêmes champs continuellement fertiles, elles quittaient une terre dès qu'elles croyaient l'avoir épuisée, et transportaient ailleurs leurs bestiaux, leurs familles et leurs dieux. 5

L'occupation d'un pays par les peuples agricoles, était un avantage réel pour l'humanité. Ces peuples, cultivant moins de terrain qu'ils n'en auraient dévasté, en laissaient davantage aux autres peuples, dont ils agrandissaient pour ainsi dire le domaine.

Le territoire occupé par chaque peuple agricole, se divisa, dès l'origine, en possessions particulières. Cette possession n'était que le droit du premier occupant : sous la garantie de tout le corps social, ce droit se convertit bientôt en droit de propriété.

L'établissement du droit de propriété éprouva d'abord d'autant moins d'obstacles, que les propriétés des membres de la société ne nuisaient pas à leurs droits respectifs. Le droit de propriété était un avantage commun ; il n'était pas limité : chacun pouvait l'étendre sur autant de terres qu'il avait la faculté d'en cultiver. La garantie était réciproque. Quand tout le monde est privilégié, il n'y a plus de privilége.

Dans cet état de choses, le droit de propriété n'était point le principe des richesses ; car celles-ci dépendaient moins de l'étendue des propriétés territoriales, que de la quantité de travail dont chacun pouvait disposer. La terre n'aurait pu rapporter une rente ; les productions multipliées par le travail en étaient uniquement le salaire : le travail était donc le seul principe de la richesse.

Cependant la supériorité de produits

qu'obtenait le travail de l'un, comparé à celui de l'autre, devait être peu considérable; et comme personne ne pouvait vouloir échanger un travail libre et productif contre un travail dépendant, et dont le produit eût appartenu à un autre, il est difficile de concevoir comment l'inégalité s'est introduite, comment un homme a pu se rendre maître du travail de plusieurs; car pour cultiver plus de terres, il a bien fallu d'abord disposer de plus de bras.

Peut-être découvrirons-nous l'origine de l'inégalité dans cet état de guerre que l'on retrouve à toutes les époques du monde, et qui, suivant le texte sacré, commença sur la terre dès que les hommes y furent deux.

Quoique le droit de propriété des peuples agricoles ne nuisît pas aux avantages des autres peuples, il n'en fut pas plus respecté; et une terre fertilisée dut attirer d'autant plus les peuplades restées sauvages, que l'on avait plus multiplié ses productions.

D'un autre côté, dans l'enfance des sociétés, les peuples ne connaissaient point l'art d'être ennemis sans se haïr, et de s'assassiner en s'estimant. Ils combattaient pour leurs propriétés, leurs familles, leur indépendance et leur vie ; et, regardant comme des bêtes féroces ceux qui venaient leur ravir des biens aussi chers, ils s'acharnaient à leur destruction, et ne respiraient que la vengeance.

L'intérêt particulier pouvait seul éclairer la plus véhémente des passions. Les sociétés réfléchirent, et jugèrent qu'elles se serviraient utilement de celui qu'elles avaient vaincu ; réflexion qui fit succéder, je ne dirai pas le droit d'esclavage au droit de vie et de mort, car l'un ne saurait exister plus que l'autre, mais l'usage d'asservir son ennemi à celui de le tuer.

Dès que l'esclavage fut établi, l'homme devint une marchandise, un objet d'échange et un moyen de travail pour autrui. La culture s'étendit, la richesse s'éleva bien au-delà des besoins réels des citoyens ; et la société passa tout à coup d'un état d'égalité à une inégalité de richesse et de puissance.

Il est vrai que le citoyen s'assujettissait à de nouveaux besoins ; que le produit ne s'élevait que pour nourrir des esclaves et des étrangers; que la société accélérait le moment où elle serait embarrassée d'un surcroît de population, et que sa situation devenait alors d'autant plus critique, qu'à côté de citoyens manquant du nécessaire, se présenterait le contraste de citoyens regorgeant du superflu, et sacrifiant à des esclaves la subsistance dont manqueraient les hommes libres.

Cependant l'inégalité fondée sur l'esclavage, contraire à la nature, à la raison et à l'humanité, ne violait pas encore le pacte social, qui ne comprend dans sa garantie que les citoyens : elle n'empêchait pas même que l'égalité des droits naturels ne pût exister dans la société; car l'inégalité n'est odieuse et injuste qu'autant que le plus de richesses de l'un est la cause du moins de fortune de l'autre, circonstance qui n'avait pas lieu tant que le territoire de la société offrait des parties inoccupées.

Peut-être aussi l'industrie agricole avait-elle fait un grand pas : peut-être l'homme avait-il dompté le cheval sauvage, mutilé le taureau fougueux : peut-être, en soumettant ces animaux, avait-il par leurs travaux augmenté ses produits. Cet asservissement, quoique bien différent de l'esclavage dans son principe et dans ses résultats moraux et politiques, avait produit le même effet sur l'augmentation des richesses et sur leur inégale répartition.

A l'aide des hommes employés comme des animaux, et des animaux asservis comme les hommes, le territoire fut entièrement cultivé ; et de cette maxime établie par la nature elle-même, *la terre n'appartient à personne*, les sociétés se virent conduites à consacrer la maxime contraire, base désormais de la société civile, *point de terre sans propriétaire.* C'est à cette importante époque, que [6] le droit de propriété anéantit le droit naturel de l'homme aux productions de la terre, et que le travail, jusques-là principe unique de la richesse, n'en devint plus que le premier agent.

La nature et le travail sont ensemble les principes de tous les produits. La nature sans le travail ne donne que quelques fruits spontanés : le travail sans la nature ne donne rien. C'est à l'aide du travail que la nature multiplie ses productions; c'est à l'aide de la nature que le travail obtient une valeur.

Du moment où la terre et ses productions devinrent la propriété de quelques privilégiés, tous les citoyens qui furent réduits à leur travail, ne purent directement et par eux-mêmes s'en servir pour subsister. Le travail, privé de ce qui lui donnait une valeur, devint une marchandise qui n'eut de prix qu'autant qu'elle était achetée, et qu'en raison de son utilité pour autrui. Enfin, quoique toujours principe des produits, le travail ne fut plus le principe des richesses; la chose qui l'acheta, par cela même qu'elle l'acheta, devint ce principe à son tour.

Cependant le travail est l'emploi de la personne: vendre son travail, c'est se vendre soi-même; et cette nécessité qui allait être imposée à l'homme, trouva d'abord un obstacle dans le caractère et les habitudes du citoyen.

Né pour l'indépendance, celui-ci n'assouplit point son ame indomptée, aussi promptement que le nécessitait sa situation. Sa fierté, son mépris pour tout asservissement, ses préjugés, qui le repoussaient des fonctions attribuées aux esclaves, tout lui fit dédaigner les ressources d'un travail dépendant. Commander, combattre, étaient les attributs de l'homme libre. Forcé de concilier son orgueil avec le besoin de subsister, il aima mieux attaquer directement, par la force ou par l'adresse, les propriétés d'autrui. De toutes parts la loi civile fut violée par les citoyens, et la société naissante fut livrée au plus horrible état de guerre.

Les hommes firent des réflexions sur un état aussi misérable, et cherchèrent un remède aux calamités dont ils étaient accablés.

L'imagination se plaît à rappeler ces délibérations antiques, dont les résultats n'intéressaient pas moins les générations à venir, que la génération d'alors : l'esprit aime à rechercher si les peuples pouvaient encore retourner sur leurs pas, et comment la politique a enfin triomphé des obstacles qui semblaient devoir arrêter la civilisation.

La cause apparente du désordre qui troublait la société, était le trop de population 7. Ce n'est pas cependant qu'il existât plus de citoyens que le territoire n'en pouvait nourrir ; mais une mauvaise répartition du produit a les mêmes effets que son insuffisance , et le peuple le moins nombreux peut souffrir de l'être trop encore.

Plus le corps politique augmente le nombre de ses membres, sans que sa constitution s'en altère, plus cette constitution est parfaite.

L'établissement de l'esclavage avait bien éloigné les anciens de cette perfection. Dès que le territoire de la société n'offrit plus de parties inoccupées, le nombre des citoyens fut nécessairement limité par le nombre des propriétaires; car toute la partie du revenu de ces derniers qui excédait leur propre consommation, n'était employée qu'à nourrir leurs esclaves ou à se procurer des marchandises étrangères et presque toujours superflues.

Pour remédier à ce désordre, il se présentait trois moyens. Il fallait, ou rétablir l'égalité, ou réduire le nombre des citoyens à celui que l'économie intérieure de la société politique ne lui permettait point d'outre-passer, ou détruire l'esclavage, et

substituer aux esclaves des citoyens se livrant volontairement aux mêmes travaux.

Dans la vue de rétablir l'égalité, les anciens imaginèrent plusieurs systèmes. Moyse
et quelques autres législateurs proposèrent
un nouveau partage des biens : palliatif le
plus dangereux et même le moins efficace
de tous, car tout partage contient le germe
de l'inégalité, et pour remédier au mal,
c'était recourir à ce qui en avait été le
principe.

En supposant le partage le plus égal : en
supposant que rien n'en dérangera l'équilibre entreles co-partageans; que l'adresse,
l'intelligence et l'économie de chacun d'eux
seront constamment les mêmes : en supposant que les terres seront également fertiles,
que les moissons seront également abondantes ; la population, qui augmente ou
diminue, ne tromperait – elle pas encore
les calculs de la plus habile prévoyance ?

Si les peuples eussent voulu, non ramener quelques instans d'égalité , mais
rétablir l'égalité elle-même , il eût fallu
oser, il eût fallu pouvoir remonter aux
causes qui l'avaient détruite.

La première était la division des propriétés. Il en était une autre non moins active, et de laquelle il me reste à parler;
c'est l'institution des familles.

Que l'homme, en sortant des mains de
la nature, ait vécu avec une compagne;
ou que, long-temps errant et sauvage, il
ait existé comme ces animaux chez qui
tous les individus d'un sexe semblent indistinctement destinés pour l'autre, et qui
ne connaissent d'autre famille que la famille
générale de leur espèce : que cette question
puisse être mise en problème, il demeurera
toujours certain que les sociétés agricoles
étaient, dès leur formation, composées
d'hommes et de femmes. Se seraient-elles
fixées sur un territoire, si elles n'avaient
eu les moyens de s'y perpétuer ?

En supposant encore que, dans les premiers temps de ces sociétés, les femmes aient
été des biens communs, il faudrait toujours
arriver à convenir que les hommes dûrent
se les partager en se divisant les propriétés.

Sans les familles, la division des propriétés
n'aurait pu avoir lieu ; le droit de propriété se
serait borné à un individu, et aurait péri avec

lui : par quel mécanisme assez ingénieux eût-on pu repartager continuellement les propriétés, successivement vacantes, entre des enfans dont l'origine eût été également incertaine ?

Comme les générations ne se remplacent que partiellement; qu'elles naissent et meurent insensiblement, il faut constater la paternité pour avoir une règle générale d'après laquelle une partie de la génération nouvelle succède à une partie de la génération qui l'a précédée. Cette succession, conforme à celle de la nature, paraît établie par elle, et est respectée à l'aide de ce préjugé, qui ne manque jamais de s'établir.

Ainsi donc, soit que la société de la famille ait précédé ou produit la division des propriétés, soit que la division des propriétés ait au contraire nécessité l'institution des familles, il paraît toujours certain que, dès la division des propriétés, les hommes unis à des compagnes formaient séparément des familles, dont les enfans augmentèrent bientôt la population. Le territoire partagé et les familles instituées, celles-ci fondèrent, au sein de la société politique, des sociétés particulières, qui eurent leur population, leurs propriétés, leurs mœurs et leur gouvernement. La société politique n'était qu'une confédération de ces petites sociétés : les familles étaient des associations de biens ; la société politique, une association en garantie de ces biens.

Les familles ont adopté autant de formes de gouvernement, que les sociétés politiques. Il est même arrivé qu'elles en eurent un contraire à celui de l'état dont elles faisaient partie. Quelquefois au milieu des républiques le gouvernement des familles fut despotique et absolu. Quelquefois aussi, sur le sol même où commandait le despotisme, la famille ne fut qu'une union libre formée par l'amour et le plaisir, fortifiée par l'habitude, et qui dans des siècles corrompus semblait le seul asile resté sur la terre à l'égalité et aux vertus sociales.

Les lois sur la durée de la famille et de l'autorité paternelle, sur les droits des femmes et des enfans, sur le mode de partage des biens, ont varié comme le principe de leurs gouvernemens.

Ces lois ont établi tantôt la communauté,

tantôt la division des biens. Suivant les lieux et les temps, l'égalité ou l'inégalité en a réglé le partage ; enfin ces familles n'ont jamais été assujetties à des lois générales qui, à ce titre, pussent être considérées comme leurs lois naturelles.

Cependant, leur administration intérieure ne doit pas sans doute être étrangère à la société politique : il ne saurait être indifférent à une nation, que les lois et le mode d'éducation des familles soient plus ou moins conformes aux progrès de l'industrie et au maintien des bonnes mœurs; que les membres de la famille soient plus ou moins égaux entr'eux, et que par l'habitude des vertus privées ils se rendent plus ou moins capables des vertus publiques : mais quelque parfaite que soit la police des familles, quelque égalité qu'elles établissent entre leurs membres, l'institution elle-même influera toujours sur l'inégalité entre les citoyens.

Ceux-ci ne peuvent naître égaux en richesses qu'autant que les richesses de leurs familles sont égales; et il ne s'agit pas ici d'une égalité numérique de biens entre les familles; il faut au contraire que les biens de chacune soient en raison proportionnelle du nombre de ses membres.

Cette proportion s'était conservée d'elle-même tant que le travail avait été le principe de la richesse, tant que les familles avaient pu, comme la société politique dont elles faisaient partie, accroître leur territoire en raison de leurs besoins. Mais depuis que, restreintes les unes par les autres, elles ne pouvaient plus qu'augmenter leur population; la fortune de leurs membres, et conséquemment des citoyens, décrut ou s'accrut en raison contraire de ce que le nombre des co-partageans devint plus ou moins grand; et comme l'accroissement des familles est nécessairement inégal, il résultait de ces partages une inégalité d'avantages entre les enfans des différentes familles, et de richesses entre les citoyens.

C'était déjà un assez grand mal que l'intérêt des citoyens fût contraire au vœu de la nature. Cependant ce changement continuel et inégal dans la population des familles, après avoir introduit l'inégalité, en eût pu corriger le vice, si son effet eût été de multiplier les individus dans les familles riches, et d'en diminuer le nombre dans lesf amilles indigentes; mais, par sa nature même, cette cause devait produire un effet opposé.

La médiocrité des fortunes conserve les vertus, et celles-ci favorisent la population, à laquelle nuisent au contraire les vices, enfans de la richesse. Ainsi, tandis que les fortunes médiocres tendent à se subdiviser jusques à devenir au-dessous des besoins de la famille qui les possède, les grandes fortunes tendent à devenir plus grandes encore, et à se réunir sur un moindre nombre de privilégiés.

L'inégalité introduite, transmise et augmentée de génération en génération, fut donc le résultat nécessaire de la division des propriétés et de l'institution des familles.

Serait-il donc vrai que, s'il paraissait plus conforme à la nature de concentrer les sentimens de père et d'époux dans les familles particulières, il eût été plus utile au but politique, de détruire tous les liens

qui n'unissent les hommes que partiellement; de jeter un voile sur le mystère
de la naissance; de faire de la société
politique une seule et grande famille, et
d'unir une génération entière à celle qui
la précède, par l'illusion des plus doux
sentimens et par le doute même de la
paternité?

Quelqu'étrangères que nous soient ces
idées, quelqu'extravagantes même qu'elles
doivent nous paraître, en raison de l'impossibilité où nous sommes d'en faire jamais l'application, respectons en elles l'autorité du plus grand philosophe et du plus
grand législateur de l'antiquité.

C'est sur elles que Platon a fondé sa
république imaginaire, Platon à qui ses
écrits ont mérité le nom de divin.

Autant au-dessus de Platon que l'exécution est au-dessus des conseils, Lycurgue
avait déjà réalisé les projets du philosophe
d'Athènes.

Législateur d'un peuple corrompu, il le
rendit vertueux: au lieu de lois écrites, il
lui donna des mœurs; au lieu de changer
les hommes, il changea leur situation, en-

treprit de rétablir l'égalité, et la fonda sur la communauté des biens et sur celle des enfans. Quatre siècles de bonheur et de liberté, véritable phénomène politique, furent les heureux effets de sa législation.

Oublions, s'il se peut, qu'il n'a rétabli l'égalité que dans la société civile; qu'à côté des citoyens il a placé des esclaves; qu'il a créé des coutumes barbares pour arrêter les progrès de la population. Placé loin des hommes et des temps, sans moyens de calculer la force de leurs préjugés, qui oserait blâmer Lycurgue de n'avoir rendu heureux que ses concitoyens? Ah! n'accusons point par des reproches, mal fondés peut-être, la mémoire du législateur de la liberté et de l'égalité; de celui sans lequel on douterait encore si elles peuvent exister au sein des sociétés politiques.

L'exemple de Lycurgue et de Sparte ne fut plus suivi par aucun législateur ni par aucun peuple. L'égalité, déshonorée par les excès des démagogues qui la profanèrent chez toutes les nations en la prenant pour le prétexte de leurs atrocités, parut même un mot dangereux à prononcer; et les plus modérés la regardèrent comme un bien chimérique, bon tout au plus à être chanté par des poëtes ou célébré par des philosophes, mais pour lequel des hommes sensés ne devaient point renoncer à leurs richesses, à leurs jouissances et à leurs habitudes.

Combien il dut paraître plus naturel de chercher à réduire la population des citoyens au nombre des propriétaires, en assignant à tous ceux qui ne l'étaient pas une destination que ne rejetât point leur fierté ! Les propositions de fournir des troupes aux nations étrangères, de se livrer à des entreprises lointaines, et de fonder des colonies, semblent avoir été faites dans cette vue. Ces projets furent reçus avec d'autant plus d'avidité, que tout ce qui est incertain et éloigné séduit toujours davantage l'imagination. Et en effet ne diminuait-on pas le nombre des habitans sans révolter l'humanité ? n'allait-on pas étendre au loin le territoire de la société, qui ne pouvait plus s'étendre autour d'elle ? Les uns prévoyaient de nouvelles jouissan-

ces et la paisible possession de leurs propriétés ; les autres remplaçaient déjà leur
indigence par la brillante perspective d'un
riche avenir ; enfin l'orgueil national était
flatté d'une augmentation de richesses, de
gloire et de puissance.

Malheureusement tous ces prestiges se
dissipèrent, et ce faux système ne produisit
d'autre effet que d'affaiblir la mère-patrie
dans ses moyens de défense, en proportion
exacte de la population qu'elle rejetait ;
et bientôt, regrettant leurs nombreux es-
saims, réduits pour toute défense à quelques citoyens esclaves de leurs passions,
et aux esclaves de ces esclaves, les peuples,
amollis par la civilisation, furent la proie
des premiers barbares qui les attaquèrent.

Cependant, pour que la société conti-
nuât d'exister, en conservant la même population et la même inégalité de biens, il
fallait, non-seulement que l'esclavage fût
détruit, mais encore que les citoyens con-
sentissent d'eux-mêmes à remplacer les
esclaves dans leurs travaux, et qu'ils se sou-
missent au joug d'un travail dépendant ;
dernier parti tellement contraire à la na-

ture de l'homme, qu'il était impossible de prévoir qu'il s'y déterminât jamais.

C'est à la philosophie qu'il appartient de dire par quel art prodigieux, par quel enchaînement de moyens, l'institution des gouvernemens investit les propriétés de la réunion de toutes les forces particulières; quel appui moral leur prêta la religion; par quelle magie l'opinion rendit le droit de propriété respectable et sacré aux yeux même de ceux qui n'étaient point propriétaires.

Quant à moi, loin de prétendre à expliquer les causes d'une révolution que je ne puis encore concevoir, il me suffit que l'état actuel de la société la rende incontestable, et il ne convient à mon sujet que d'en décrire les principaux effets.

Quoique la société politique, composée des mêmes individus, parût ne point cesser d'exister, la nature de la constitution sociale changea entièrement; ses bases furent renversées, son principe détruit, et tous ses liens politiques dissous.

Il ne faut pas dissimuler aux hommes leur situation; il est utile qu'ils la connaissent toute entière, afin qu'ils ne s'égarent point dans la recherche de biens dont la poursuite chimérique ébranlerait l'édifice social jusques dans ses fondemens.

Dès que par le plus impérieux des besoins l'homme fut forcé de travailler pour autrui, il cessa d'être indépendant; et dès qu'il dépendit de ses semblables, il ne fut plus leur égal.

La société, en renonçant à l'égalité et à l'indépendance, perdit bientôt aussi le principe de la force et de la garantie qu'elle trouvait dans l'union des citoyens; car du moment où les uns ne subsistent plus que par leurs relations avec les autres, le corps social présente partout la guerre de l'intérêt contre l'intérêt, et paraît devoir se désunir dans toutes ses parties. Chaque échange, chaque acte, chaque convention, offre une lutte particulière. L'homme s'accoutume à voir dans le mal d'autrui le principe de son bien personnel; et le malheur de ses semblables est un affreux plaisir qu'il est désormais condamné à connaître.

Le corps social n'est donc plus le même :

ce n'est plus un tout composé de parties qui ont un même intérêt ; sa base n'est plus la garantie réciproque des productions de la nature.

Ceux qui possédaient plus de terres qu'ils n'en pouvaient cultiver, et plus de productions qu'ils n'en pouvaient consommer, avaient enfin trouvé à échanger leur superflu contre des services personnels et contre un travail dont ils avaient besoin. Ceux qui ne pouvaient par eux-mêmes tirer aucun parti de leur travail, avaient consenti à le vendre pour des productions qui leur étaient nécessaires. Cet échange général était la base du nouveau système ; il confirmait le droit de propriété des uns, et assurait la subsistance des autres : tout ce qui devait en faciliter le mouvement, fortifiait la société, qui ne pouvait plus exister que par lui.

Dans cet échange, le travail, recherché à cause de ses produits, fut estimé moins en raison de leur utilité qu'en raison de leur rareté ; et comme les hommes n'étaient point propres aux mêmes emplois, ils furent des instrumens de travail inégaux de valeur.

Fondé sur la dépendance, sur l'inégalité, sur la servitude civile, quand le nouvel édifice social semblait devoir s'écrouler de lui-même, il trouva tout à coup dans la cause même qui menaçait de le détruire, un nouveau principe de conservation, de force et de garantie.

Si l'intérêt particulier menaçait de briser tous les liens moraux, s'il avait divisé les membres de la société, s'il les avait rendus rivaux et quelquefois ennemis ; le même intérêt leur faisait une loi de se rapprocher, et les réunissait plus étroitement encore par le lien du besoin.

La patrie qui ne pouvait plus être défendue seulement par l'amour des citoyens (*), le fut désormais par leur intérêt particulier ;

______

(*) Je suis bien éloigné de prétendre ici que la patrie ne puisse et ne doive pas se servir de l'amour des citoyens pour elle : ce sentiment vient de produire trop de prodiges, pour qu'il soit permis de douter de son pouvoir. J'établis seulement, que si, d'un côté, l'état est d'autant mieux servi qu'il est plus aimé de ceux qu'il emploie, de l'autre, il ne peut employer des hommes qu'en leur procurant un traitement ou un salaire, et qu'en payant leur travail.

ils lui vendirent l'emploi de leurs personnes, comme ils se le vendaient entre eux, et se trouvèrent envers leur gouvernement dans la même situation où ils étaient les uns à l'égard des autres. Le gouvernement, ne pouvant plus alors s'adresser qu'à l'intérêt particulier, ne put aussi maintenir et protéger qu'autant qu'il devînt le particulier le plus puissant par la richesse : il lui fallut une fortune ; il lui fallut les moyens d'exciter autant d'intérêts personnels et d'acheter autant d'individus que l'administration et la défense de l'état en exigeaient.

Ces nouveaux rapports de citoyens à citoyens, et de chacun d'eux à la société, expliquent assez pourquoi les hommes ont eu souvent recours à tous les vices ; pourquoi les sages et les héros, objets d'admiration et demi-dieux pour la postérité, n'éprouvèrent souvent que l'ingratitude de leurs concitoyens ; et enfin pourquoi la liberté politique ne fit presque jamais que des efforts impuissans.

Ce n'est pas peut-être que les hommes plus corrompus soient plus disposés à la servitude : la nature de l'homme a moins changé que sa situation.

Dans les républiques, et j'entends ici par république les états où, comme à Sparte, les moyens d'existence de chacun seraient essentiellement liés à la conservation de la patrie ; dans ces Républiques, dis-je, la constitution n'est parfaite qu'en raison de ce que l'intérêt de chacun est, par la nature même de la société, renfermé dans l'intérêt de tous ; l'amour de la patrie y résulte de ce qu'elle est aux individus ce que leur sont dans d'autres états les propriétés particulières ; l'union des citoyens n'est que l'effet de la direction constante et uniforme des intérêts personnels ; la puissance nationale n'est que le faisceau des forces particulières, qui, s'augmentant, comme en arithmétique, des chiffres placés à côté les uns des autres, multiplient toujours leur valeur : bel emblème de ce que l'union ajoute au nombre.

Mais le même principe peut produire un effet contraire, dès que, par la nature même de l'état social, les intérêts se divisent et se choquent sans cesse : l'intérêt du citoyen n'est plus nécessairement l'intérêt de la cité ; et comme l'intérêt personnel, source féconde de biens et de maux, devient le principe de la force ou de la faiblesse, de la gloire ou de l'avilissement, des richesses ou de l'indigence, du bonheur ou de la ruine des nations, toute la science du législateur, toutes les méditations du philosophe, tout l'art du moraliste, ne doivent chercher qu'à diriger l'intérêt de chacun de la manière la plus conforme, ou la moins contraire à l'intérêt de tous.

Il est donc vrai de dire, en me résumant, que l'homme n'a changé qu'en raison de ce que l'état social lui-même a changé ;

Que cet état, fondé d'abord sur une conformité d'intérêt, sur une garantie réciproque des droits naturels, ne se maintient plus qu'au moyen de la dépendance d'une partie des citoyens ;

Que l'intérêt personnel divise alors les membres de la société, mais qu'il les rapproche et les réunit, et que le principe qui menaçait de détruire l'état, en devient le premier appui ;

Et enfin, que cet intérêt personnel est le principal levier que puisse employer un gouvernement pour faire agir une nation qui ne peut plus se mouvoir d'elle-même.

Tels sont, et la nature, et les fondemens, et le mobile, et le principe conservateur des nouvelles sociétés politiques.

SECONDE ÉPOQUE.

Du luxe et de l'industrie.

L'INTÉRÊT personnel est le seul intérêt que consultent les particuliers; le seul qui détermine leur conduite et qui règle leurs jugemens. Le publiciste et l'homme d'état ont en vue l'intérêt national; tandis que le philosophe, gouvernant imaginairement l'univers, ne recherche que l'intérêt de l'humanité.

Le luxe et l'industrie ont été examinés sous le rapport de ces divers intérêts, et du contraste de ceux-ci a résulté la diversité des opinions.

Le riche jouit du luxe; l'homme laborieux augmente sa fortune par l'industrie : ils rient l'un et l'autre de celui qui prétend condamner la source de leurs plaisirs et de leurs richesses. L'envie applaudit à la satyre du luxe. L'homme d'état voit dans le luxe un moyen d'accroître le revenu du gouvernement; dans l'industrie, un moyen d'augmenter la richesse et la puissance nationales. Le politique admire l'in-

dustrie, comme la vaste machine qui distribue les moyens de subsistance à la plus
grande partie de la société. Le philosophe
se renferme dans cette question : la situation du genre humain est-elle devenue plus
avantageuse ?

Je ne comparerai point ces opinions opposées ; je ne balancerai point ici les avantages
et les désavantages du luxe ; je ne discuterai point des questions si souvent agitées,
sujets brillans d'interminables disputes. La
nature n'avait point renfermé l'homme dans
le cercle étroit de l'instinct : en le créant
agent libre, elle l'avait rendu susceptible
d'augmenter ses idées, ses connaissances,
ses sensations et ses jouissances. Il importe
peu de déterminer si cette prérogative a
été pour lui une source de biens ou de
maux, si la somme des uns a surpassé
celle des autres : il suffit que le luxe soit
le résultat nécessaire de la civilisation,
à laquelle l'homme était destiné par sa nature, et il ne m'appartient que de rechercher si ce dernier, ingénieux à inventer des
besoins et à les satisfaire, s'emparant de tout
ce qu'il a trouvé créé, le modifiant et

l'adaptant à ses nombreux usages , a par ce moyen augmenté sa richesse.

A mesure que l'homme découvrit l'art d'employer un nouvel objet , il n'ajouta rien à ce qu'il possédait ; mais il donna une valeur à ce qui n'en avait point. De cette augmentation de biens, il ne résulta point nécessairement une augmentation de richesses.

Le mot richesse exprime la possession d'une grande quantité des objets qui peuvent servir aux besoins et aux agrémens de la vie. Pour que ce mot présente un sens précis et déterminé , il faut que la quantité soit grande , relativement aux besoins de celui qui possède. Dans l'acception que je donne ici au mot richesse , car il en a plusieurs, il désignera un rapport proportionnel , et au moins égal , entre les besoins et la possession des produits qui doivent les satisfaire. De cette définition il faut conclure que l'on s'enrichit de deux manières , en augmentant ses biens et en diminuant ses besoins, comme l'on s'appauvrit en augmentant ses besoins et en diminuant ses biens.

En supposant que les produits de la nature aient pu généralement suffire à chaque nouveau moyen de jouissance que l'homme crut successivement découvrir, le genre humain se serait autant appauvri, en augmentant ses besoins, qu'il se serait enrichi en augmentant ses biens; et sous le rapport de la richesse, sa situation fût restée la même, avec cette différence cependant, que la non - connaissance d'un besoin est toujours plus avantageuse que les moyens les plus abondans d'y satisfaire. Diogènes, s'accoutumant à boire dans sa main, était moins exposé à manquer de tasse, que celui qui aurait rassemblé la plus nombreuse collection des vases les plus précieux.

Mais la supposition que je viens d'établir est bien loin de pouvoir être admise.

1.º De tous les genres de produits devenus objets de besoins et de jouissances factices, il n'en est pas un seul dont la nature se soit montrée tellement libérale, que l'usage puisse en être commun à tous les hommes. Cependant, la connaissance de ce nouveau bien est devenue générale :

le désir de le posséder s'est toujours élevé bien au - delà des moyens d'y satisfaire. Si quelques hommes ont acquis une jouissance que des philosophes leur contestent, d'autres ont commencé à éprouver le tourment d'une privation qui n'est contestée par personne ; car c'est à dater de la connaissance d'un bien, que sa non-jouissance est une privation et un mal réel. *

2.° Les produits que l'industrie façonne, sont ceux qui demandent le plus de main-d'œuvre. Quand bien même la nature eût fourni assez abondamment les matières premières, le travail de tous les hommes ne suffirait point encore à leur procurer généralement les jouissances du luxe : et, cependant, pour ces jouissances contestées, priviléges de quelques individus, combien le genre humain n'a-t-il pas augmenté la dépendance où le met la nécessité du travail ?

Ce surcroît de travail n'est point seulement un mal, il est encore une perte. La main - d'œuvre étant un moyen de multiplier les produits utiles, détourner le

---

* ..... Multa petentibus
Multa desunt. Hor,

travail de cet emploi, c'est diminuer la richesse alimentaire du genre humain.

Il est encore une autre cause qui tendait bien davantage à diminuer cette richesse. Les produits propres à la nourriture de l'homme, pouvaient et devaient successivement remplacer les produits inutiles à sa subsistance : mais, dès que ceux-ci eurent une valeur, loin d'être négligés et détruits, ils furent cultivés et multipliés; ils se partagèrent la terre avec les premiers. Ainsi les hommes, après avoir détruit tous les obstacles qui s'opposaient à la multiplication de leur espèce, s'en créèrent eux-mêmes d'insurmontables; car il ne faut pas espérer que les uns renoncent jamais à leurs agrémens pour assurer aux autres une plus abondante subsistance. Le philantrope imprudent le réclamerait en vain; la nature elle-même s'y oppose; et le lin brillant, habitué à vêtir le riche, ne cèdera jamais la place à l'humble pomme de terre qui nourrirait le pauvre.

Ainsi, en observant dans ses effets les divers emplois de l'intelligence de l'homme, si, d'un côté, la chasse, la pêche, et surtout l'agriculture [8], ont dû enrichir le genre humain : de l'autre, il semble que l'industrie, appliquée au luxe, a moins multiplié les biens que les besoins ; qu'elle a numériquement plus créé de privations que de jouissances ; imposé une plus grande nécessité du travail ; diminué les alimens destinés à l'homme, et que, véritable obstacle à la multiplication de son espèce, elle a réellement appauvri le genre humain.

Mais il ne faut plus considérer le luxe en lui-même, il faut le considérer dans ses rapports avec l'intérêt des peuples placés dans la situation où nous avons laissé les sociétés politiques.

L'homme ne pouvait plus recevoir de la nature sa subsistance, ni le citoyen l'espérer de sa patrie ; et cependant la première loi de l'homme est de pourvoir à son existence : car la philosophie, qui apprend à borner ses désirs et à diminuer ses besoins, ne saurait apprendre à n'en point avoir du tout, et la richesse est nécessaire même au philosophe, pour assurer son indépendance.

Cette indépendance assurée, les richesses

ne sont plus nécessairement le but vers
lequel se dirige l'intérêt particulier; il est
alors des êtres supérieurs qui, dédaignant
les jouissances et les distinctions de la fortune, aspirent à en obtenir de plus nobles
et de plus dignes de leurs ames généreuses.
L'utile amour d'une vaine renommée est le
mobile qui les fait agir; la gloire et la vertu
sont les objets qu'ils se proposent : et c'est
à l'intérêt particulier, dirigé vers ces objets,
que la société doit, et les actions héroïques,
soutiens de la patrie; et les traits sublimes
de l'humanité; et les ingénieuses imita-
tions des arts; et ces prodigieuses découvertes des sciences, qui, communiquées de
peuple à peuple et léguées de générations
en générations, ont déjà tant agrandi le
domaine de l'esprit humain.

Il importe sans doute de chercher à
augmenter le nombre de ceux qui, sous-
traits à l'influence de la richesse, n'agissent
que d'après des motifs libéraux. Mais, quelqu'efficacement que puissent concourir à
ce but les impressions d'une bonne éducation, la sagesse des institutions sociales,
les éloges publics, et les honneurs décernés

aux grands hommes; la portion la plus honorable de l'espèce humaine sera toujours aussi la moins nombreuse.

Le reste de la société est divisé en deux classes : la première est composée de quelques heureux possesseurs des richesses, qui, s'occupant des moyens d'en jouir, et poursuivant les différens objets que leur indiquent leurs passions, leurs préjugés, leurs habitudes et leurs caprices, semblent agir d'après eux-mêmes.

La seconde comprend cette foule immense d'hommes de toute espèce, qui, ne connaissant d'autre mobile que le désir immodéré de la fortune, n'agissent réellement que d'après les premiers.

C'est le mode de dépenses des uns qui règle et attire le travail des autres; et ceux qui possèdent les richesses, déterminent les actions de ceux qui veulent les obtenir.

Un vertueux et utile emploi de la richesse est donc ce qu'il importe le plus d'honorer dans une république, puisque telle est l'influence de cet emploi, qu'il donne le mouvement général à la société,

et que de lui dépend le bonheur individuel de ceux qui la composent.

La richesse a deux destinations différentes : elle achète, ou le droit de disposer arbitrairement de l'homme, ou bien les produits de son travail et de son industrie.

Avant que le luxe eût introduit de nombreux besoins, l'homme n'avait guères à
vendre que lui-même, et les richesses ne
pouvaient être qu'un moyen de disposer
arbitrairement des autres. La société était
alors entièrement partagée en maîtres et
en serviteurs. Cet état, dont on retrouve
encore quelques vestiges, est celui dans
lequel la servitude civile s'approche le
plus de l'esclavage.

Il en est des services personnels comme
des produits du travail ; ils obtiennent
d'autant plus d'avantages que celui qui les
rend peut moins facilement être remplacé
par d'autres. Celui qui ne sert les riches
qu'avec ses bras, en sera donc moins récompensé que l'être méprisable qui, s'adressant à leurs vices, parvient à leur devenir
indispensable. L'emploi de la richesse
appliquée aux jouissances des vices, pro-

voque alors la plus vile des industries.
L'art d'épier les penchans et les goûts,
de faire naître les passions, de les exciter,
de les satisfaire, devient le plus riche des
métiers; et comme tout tend au plus grand
profit pécuniaire, les sources les plus pu-
res se détournent bientôt de leur cours.
Le génie, l'esprit, les arts, la beauté, pros-
tituent les plus rares talens et les plus
beaux dons de la nature. Ce n'était point
assez que la nécessité eût fait à l'homme
une loi d'asservir ses facultés physiques;
l'intérêt lui conseille encore d'asservir ses
facultés morales, et le citoyen descend
au-dessous de l'esclave. Cet état, qui appartient à tous les âges de la civilisation, et
dont le tableau se retrouve surtout dans
les cours et autour des gouvernemens, est
le dernier degré de la dégradation de
l'homme et de la corruption sociale.

Mais, dès que le luxe naît, il amène un
changement général dans les rapports so-
ciaux. L'intérêt particulier reçoit une nouvelle direction. Le but des riches est d'obtenir plus de produits; leur moyen, d'ac-
corder plus d'avantages à l'activité qui

les multiplie , à l'adresse qui les perfectionne. Le but de ceux qui travaillent, est
le plus grand profit pécuniaire; leur moyen,
de développer toutes leurs ressources in-
dustrielles , de mettre en œuvre toutes
leurs facultés productrices : dès çe moment,
la richesse , au lieu d'acheter l'homme,
n'achète plus que le travail ou ses produits;
et celui qui ne possède d'autre bien que
le droit de disposer de lui-même , voit
diminuer sa dépendance.

Le luxe 9 n'étant que la conséquence
de l'inégalité des richesses, on peut sans
doute répéter contre lui tout ce que l'on
a dit contre elles; mais les hommes qui
n'ont plus à choisir qu'entre des inconvéniens, doivent le regarder encore comme
le résultat le moins funeste de cette inégalité. Comparé à l'esclavage, à la domesticité, à la mendicité et au vol, destinés
à remplacer ces moyens d'existence, il est
un bienfait pour l'humanité, condamnée,
depuis la perte de l'égalité primitive, à ne
plus trouver le bien que dans le moindre
mal.

Quoique le luxe soit fondé sur l'inégalité,

et que ses habitudes soient autant d'obstacles au retour de l'antique liberté, il diminue l'inégalité qu'il trouve établie ; il
substitue à une dépendance absolue, une
dépendance mutuelle et réciproque; il remplace un asservissement personnel par l'as-
sujettissement au travail ; à une inégale
possession des biens nécessaires à l'existence, il fait succéder l'inégale jouissance
des objets superflus.

Le luxe est donc un bien relatif : l'industrie qu'il alimente, devient un besoin
pour les peuples, en proportion de la dis-
parité des fortunes, en raison composée du
nombre de ceux qui ne sont ni propriétaires
ni cultivateurs, et du produit que peut donner leur main-d'œuvre. Son effet utile n'est
point de multiplier les jouissances, ni même
de créer pour tous les hommes plus de
commodités et d'agrémens ; son effet utile
est de répartir les alimens à tous ceux qu'en
prive le droit de propriété. Le premier effet
est nuisible en tant qu'il ne sert pas à produire le second.

Ainsi la population pourra d'autant plus
s'accroître, les peuples se rapprocheront

d'autant plus du bonheur et de la liberté, que le luxe entretiendra toute l'industrie, et qu'il faudra moins de luxe pour l'entretenir.

Examinons si tel est le but vers lequel tendent naturellement les progrès de la civilisation.

Comme l'inégalité avait séparé la société en deux classes, celle des propriétaires et celle des non-propriétaires, le luxe aussi d'un seul peuple en a composé plusieurs, qu'il rapproche par des besoins mutuels. Le peuple propriétaire et cultivateur fournit au peuple *industrieux* ★, et les matières premières qu'il manufacture, et les alimens qui le nourrissent. Le peuple industrieux donne en retour les mêmes matières manufacturées : celui-ci ne crée rien, il

---

(★) Le mot *industrie* s'emploie par opposition à l'agriculture et au commerce : le mot *industrieux* ne s'emploie guères dans le même sens. Cependant il manque à notre langue un terme collectif pour désigner tous ceux qui s'occupent des différens travaux et des divers procédés de l'industrie. J'ai hasardé le mot *industrieux*, et je l'emploierai en ce sens dans tout le cours de cet ouvrage.

modifie ce qui a été créé ; il rend sous une forme utile, ce qui lui a été remis sous une forme brute.

Quoique la dépendance paraisse et soit en effet réciproque entre les deux classes, elle n'est point de même nature. Les propriétaires ne recherchent que des objets de luxe. Quelque pénible que leur en paraisse la privation, elle ne nuit pas à leur existence ; elle n'arrête point les progrès de leur population. Les *industrieux*, au contraire, demandent des objets de première nécessité, et sont dans la dépendance physique des propriétaires, en ce sens, qu'ils ne multiplient qu'en proportion des alimens qu'ils en reçoivent. Le besoin qu'ont les *industrieux* d'obtenir les produits de l'agriculture, étant pour eux d'une bien plus grande importance que ne l'est pour les propriétaires le désir d'obtenir les ouvrages de l'industrie, la dépendance est inégale ; et pour rapprocher du niveau les deux côtés de la balance, il faut que les objets de subsistance soient plus abondans, proportionnellement aux besoins des *industrieux*, que les objets de luxe proportionnellement aux désirs des propriétaires et des cultivateurs ; conséquemment que les progrès de l'agriculture dévancent et surpassent les progrès de l'industrie.

D'un autre côté, dans le trafic continuel des ouvrages de l'industrie contre les produits de la terre, leur quantité relative règle et détermine entièrement la valeur des échanges ; car le total des uns achète toujours le total des autres, et conséquemment lui est égal. Les propriétaires et les cultivateurs sont donc aussi intéressés à l'augmentation des produits industriels, que les industrieux à l'augmentation des produits agricoles. Mais, la terre étant le principe de tout, ceux qui la possèdent et la cultivent, ne peuvent espérer de l'industrie, qui ne crée rien, une quantité plus considérable d'ouvrages, qu'en lui fournissant plus de matières premières et d'alimens ; tandis que les industrieux n'ont aucun intérêt à multiplier leurs ouvrages, dont la quantité, telle qu'elle soit, achètera toujours tout l'excédant de la consommation des propriétaires et des cultivateurs, et ne saurait rien obtenir au-delà.

Les progrès de l'agriculture augmentent donc les ouvrages de l'industrie, tandis que les progrès de l'industrie n'augmentent point les produits de l'agriculture. Ainsi les progrès de l'agriculture sont d'un intérêt général; ils sont utiles, et aux *industrieux*, parce qu'ils leur fournissent plus de moyens de subsistance, et aux propriétaires, parce qu'ils multiplient les ouvriers et les ouvrages : les progrès de l'industrie ne sont au contraire que d'une utilité particulière; ils ne favorisent que l'accroissement du luxe.

Ainsi, lorsque l'accroissement du luxe résulte de ce que l'agriculture a multiplié ses produits, lorsqu'il devient nécessaire pour occuper une population plus considérable, cet accroissement du luxe est un bien pour les peuples; mais il cesse de leur être avantageux, dès qu'il ne provient que des progrès de l'industrie.

Cependant il faut distinguer, dans les progrès de l'industrie, les moyens qui ne se proposent que l'épargne de la main-d'œuvre, des découvertes qui ont pour but l'épargne des matières premières, ou l'emploi d'objets qui, n'offrant aucune valeur, seraient négligés et détruits sans l'invention qui les rend utiles. Ces derniers progrès offrent un bénéfice absolu ; ils sont un avantage général pour la société. La même quantité de matières premières fournit, et plus d'emploi aux *industrieux*, et plus d'ouvrages pour la consommation des propriétaires. Le luxe acquiert plus de jouissances ; l'industrie, plus d'activité ; et l'intelligence, qui économise les produits de la nature, marche, l'égale de l'art heureux qui les multiplie : aussi les découvertes semblables à celles que la physique et la chimie viennent de faire, placent · elles les Rumfort et les Chaptal parmi les bienfaiteurs de l'humanité.

Il n'en est pas de même des progrès de l'industrie, quand ils n'ont pour but que l'épargne de la main-d'œuvre.

Avec plus de dextérité, au moyen d'une plus heureuse intelligence, si quelques *industrieux* obtiennent plus d'ouvrages, ils retireront d'abord une plus grande valeur de leur travail. Mais comme la part des *industrieux* dans les produits de l'agriculture, est irrévocablement fixée à l'excédant de consommation des propriétaires et cultivateurs, les premiers ne peuvent obtenir plus d'avantages qu'aux dépens les uns des autres : si les moins habiles, redoublant d'efforts, ou imitant les procédés de ceux qui les dévancent, parviennent à égaler leurs résultats, l'industrie s'est perfectionnée, il est vrai, par tous ses agens; les consommateurs obtiennent plus d'ouvrages; mais les *industrieux* ne retirent de leur industrie perfectionnée, que les mêmes avantages qu'ils eussent retirés de leur industrie brute et grossière.

D'un autre côté, si l'industrie devient plus féconde, c'est surtout à la division du travail qu'elle est redevable de ce résultat. En s'appliquant à un seul ouvrage, à une seule opération, l'homme y habitue ses mouvemens, au point qu'il agit machinalement et sans fatigue. Sa dextérité devient d'autant plus grande qu'il la borne à un seul emploi; il épargne toutes les parties de temps que nécessite le passage d'un ouvrage à un autre ouvrage. Mais l'industrie s'étant perfectionnée, la force et les

bras ne sont plus des moyens suffisans
d'existence ; au travail il faut joindre l'habileté, et payer même pour être ini-
tié aux procédés des différens métiers : la
position des *industrieux* devient alors pré-
caire et incertaine. Répartis en une infi-
nité d'emplois, et propres à un seul, les
ouvriers ne peuvent facilement passer d'une
occupation à une autre ; et si les brusques
caprices de la mode, si le changement plus
lent des usages, si quelque découverte,
viennent à diminuer ou retrancher entièrement une demande, les *industrieux*
qu'elle occupait doivent presque tous ou
languir de misère ou périr de besoin. Ce
vice est essentiellement inhérent à la constitution de tout peuple *industrieux*. Celui
qui, pour y remédier, proposerait des lois
somptuaires, qui voudrait régler et rendre
uniformes les dépenses des particuliers,
créer un costume national, et s'opposer
à l'introduction des machines, devrait être
renfermé avec plus de soin que les fous ;
car il n'en est pas d'aussi dangereux que
les sages qui s'ingèrent de conseiller les
hommes sans avoir égard à l'état de leur
civilisation.

L'adresse n'est pas le seul moyen de multiplier les résultats de la main-d'œuvre. Il en est un autre plus simple, à la portée de tous, et à l'aide duquel les moins adroits peuvent suppléer à leur défaut d'habileté; c'est celui qui ajoute au temps consacré déjà au travail. Ce moyen assura d'abord une plus grande récompense aux premiers qui l'employèrent: mais cet avantage se prenant toujours sur la part générale des *industrieux*, tous les autres imitèrent et se virent forcés d'imiter les premiers; alors l'avantage disparut, et, à l'augmentation du travail près, la position des *industrieux* redevint la même. Que cette lutte de fatigues ait été célébrée par les économistes comme un moyen de richesse et de puissance qui élève une nation au-dessus des autres, cette opinion appartient aux discussions sur le commerce : mais en ne considérant la question, comme je le fais ici, que dans ses rapports avec le bonheur et l'intérêt des *industrieux*, il est toujours vrai de dire que ceux-ci ont augmenté leurs peines sans augmenter leurs avantages; et que la concurrence les a portés à trahir leurs intérêts respectifs.

Cet inconvénient résulte du bien même; car plus la population des *industrieux* s'augmente proportionellement aux moyens de subsistance que leur fournit l'agriculture, plus les *industrieux* se voient forcés de redoubler de travail, et de rivaliser d'activité. Des fêtes bienfaisantes instituées par la religion, de sages réglemens pour leur stricte et générale observance, sont les seuls obstacles qu'on puisse opposer à cet effet, toujours agissant, de la concurrence des intérêts. Heureusement ces obstacles sont d'une grande force : un exemple récent nous l'a démontré. En vain des philosophes armés de tous les prestiges, forts de toutes les circonstances, ont voulu réduire à un dixième les jours de repos déjà fixés à un septième par la religion et l'usage ; l'obstination des peuples les a beaucoup mieux servis à cet égard que la sagesse de leurs législateurs.

Au moyen de l'adresse et de l'activité, l'industrie ne fit encore que des progrès bien lents, comparés à la rapidité avec laquelle elle franchit un espace immense lorsque le génie de l'homme, réfléchissant sur les lois de la nature, imagina de faire servir l'eau, l'air et le feu, à mouvoir des machines d'un poids énorme et à remplacer des milliers de bras. L'heureux observateur qui le premier fit la découverte et l'application de ce principe, ôta les moyens de travail à tous ceux qu'occupait le genre d'ouvrages qu'il devait désormais fournir; réduisit la plus grande partie de ces *industrieux* à la misère et au désespoir; força l'autre à venir solliciter de lui un travail dépendant, et n'en passa pas moins pour le bienfaiteur de l'humanité.

Je ne rechercherai point tous les maux particuliers qui durent signaler l'époque de chaque découverte; je me bornerai à examiner l'ordre de choses permanent, et les nouveaux rapports qu'elle établit au sein des sociétés.

Avant l'invention des machines, les ouvrages étaient fabriqués par des ouvriers presque tous libres, égaux et indépendans. Dans une manufacture, au contraire, il n'y a qu'un maître, et des ouvriers domestiques. Leur sort est désormais d'autant moins assuré, qu'il ne dépend plus seulement de la diminution de la demande , mais encore des caprices d'un maître et des succés de son génie. Sans espoir d'avancement, sans que rien puisse charmer leur imagination ou leur embellir l'avenir, les *industrieux* sont mécaniquement et pour toute la vie destinés à un mouvement toujours le même et toujours répété. C'est le supplice d'Ixion attaché à une roue qui tourne éternellement.

Bien éloigné de ces idées, l'homme examine souvent le point d'où son espèce est partie, et celui où elle est arrivée : il s'étonne, il s'admire ; et, dans le délire de son orgueil, il est tenté de se demander si l'homme n'a pas plus fait pour l'homme, que l'auteur même de l'univers. . . Que l'imagination de cet insensé lui crée un avenir plus brillant encore ; qu'il conçoive l'industrie humaine portée à un tel point que la nature n'ait plus d'obstacle à lui opposer ; que les jouissances du luxe soient entièrement dues à des machines qui, ne recevant leur action que des élémens, n'auraient plus aucun besoin du secours des hommes ; alors sans doute les jouissances du luxe seront infinies : mais l'industrie ne sera plus un moyen d'existence ; elle produira le plus de mal et le moins de bien qui dépendent d'elle. La terre ne nourrira plus que les cultivateurs, les propriétaires et ceux qui, en s'adressant aux vices et aux faiblesses humaines, parviendront à rendre des services personnels et improductifs. L'industrie, portée au plus haut degré, ramènera la société à ce même état des personnes qui existait avant l'introduction de l'industrie.

Contraire au bonheur des individus, à la liberté et à l'égalité des citoyens, l'épargne de la main-d'œuvre semble s'opposer encore aux progrès de la population.

Comme l'agriculture fournit, et les matières premières pour l'industrie, et les alimens pour les *industrieux*, plus une culture égale produit pour l'industrie, moins elle peut donner de moyens de subsistance aux *industrieux* : l'intérêt de ceux-ci serait donc de demander à l'agriculture le moins possible de ces matières premières qui ne sont propres qu'à être converties en objets de luxe ; et comme la base du nouveau système est que tous les *in-dustrieux* travaillent, leur avantage serait d'occuper le plus de bras avec le moins de matières premières. Mais les progrès dé l'industrie, en se proposant l'épargne de la main-d'œuvre, ont un résultat tout contraire; ils emploient moins de bras et plus de matières premières : l'industrie demande à la terre une plus grande quantité des produits destinés au luxe, et les *industrieux* reçoivent proportionnellement moins de produits alimentaires. Ainsi cette division du travail, et ses effets si vantés, ces machines ingénieuses qui remplacent tant d'ouvriers, sont des inventions homicides des *industrieux* * ; elles diminuent

---

* En considérant la question sous un point de vue général et d'une manière abstraite, j'ai cru devoir conclure comme je le fais ici ; mais de peur que l'on ne m'accuse de contradiction, je me hâte de prévenir que je suis bien éloigné d'embrasser cette opinion.

Au lieu d'examiner l'intérêt des industrieux, comme si le genre humain ne formait qu'un seul peuple, lorsque je consulterai l'intérêt particulier des différentes nations, j'essayerai de démontrer que chez aucune les moyens d'employer utiles moyens de subsistance, et arrêtent la population en proportion de ce qu'elles augmentent les besoins du luxe et les produits industriels destinés à les satisfaire.

Quoique l'intérêt des *industrieux*, considéré d'une manière générale, ne soit pas dans les progrès de l'industrie, qui ont pour but l'épargne de la main-d'œuvre, tous les intérêts individuels n'en concourent pas moins au perfectionnement de l'industrie, et à la multiplication des produits. Chacun sait qu'il obtiendra d'autant plus ou d'autant moins d'objets d'échange, qu'il fournira plus ou moins d'ouvrages; et les *industrieux*, en coopérant autant qu'il est en eux aux plus grands progrès de l'industrie, agissent bien en raison

---

lement et productivement les hommes, ne manquent à la société; mais que chez toutes le nombre des emplois est en proportion de l'accumulation des capitaux; et comme rien n'est plus favorable à l'économie que les progrès de l'industrie, la population d'une nation, loin de diminuer par le développement de son industrie, doit au contraire s'augmenter en raison de ces progrès.

directe de leur intérêt particulier et immédiat, quoiqu'ils agissent en raison inverse
de leur intérêt commun.

Quel que soit donc l'intérêt des *industrieux*, rien n'arrête, rien ne diminue,
rien ne recule la science de l'industrie chez
les nations civilisées.

Ce n'est pas qu'elles ne marchent d'un
pas inégal vers le perfectionnement des
arts industriels ; ce n'est pas que le luxe
d'un peuple ne le rende souvent tributaire
de l'industrie d'un autre : mais les procédés
qui simplifient les opérations mécaniques,
recherchés par tous les peuples et tous les
individus , sont suivis aussitôt qu'ils sont
connus ; et à moins qu'une catastrophe
terrible ne vienne asservir une nation toute
entière et la plonger dans la barbarie, son
industrie tend toujours à se perfectionner,
sans que l'intérêt particulier lui oppose
jamais le moindre obstacle.

Comme le désir d'obtenir plus de produits agricoles, porte les *industrieux* à
multiplier les produits industriels, le désir
du luxe porte aussi les propriétaires et les
cultivateurs à multiplier les produits agri-

coles. Le luxe est donc le principe de l'amélioration de l'agriculture : sans le luxe l'agriculture ne produirait que pour ses propres besoins. Aussi les progrès de cet art suivent partout ceux de la civilisation ; et la terre, toujours plus féconde pour les nations les plus policées, démontre suffisamment la vérité de mon assertion. Il est cependant une augmentation de produits agricoles qui n'est pas dans l'intérêt particulier, et à laquelle même il est un obstacle.

Les progrès de l'agriculture ont pour but la plus abondante récolte.

Ses moyens sont de ne laisser sans semence aucun champ susceptible de fertilité, de couvrir d'une terre végétale le sol entièrement stérile, et de choisir dans toutes les cultures celle qui promet une plus grande quantité de produits ; et si l'on considère d'une manière générale la richesse agricole d'une nation, elle se compose de la totalité de ses moissons.

La seule dépense à défalquer sur cette richesse, est la semence. Le revenu total est donc la récolte, moins la semence.

La nourriture des habitans est l'emploi de ce revenu.

Dans cette supposition , toute récolte qui restitue plus que la semence, ajoute au produit, accroît le revenu, et est récherchée par l'intérêt national.

L'intérêt particulier ne saurait calculer ainsi.

Les propriétaires ou les fermiers étant obligés d'acheter le travail qu'ils consacrent à la terre , la nourriture des cultivateurs n'est plus considérée que comme une dépense qui doit être remboursée avant d'établir le revenu.

Le revenu de l'intérêt particulier est donc la récolte, non-seulement moins la semence, mais encore moins la nourriture et l'entretien des cultivateurs.

Toute culture, toute amélioration, qui, rendant la semence avec bénéfice , ne restituerait point entièrement la nourriture et l'entretien des cultivateurs, doit donc être négligée et rejetée par l'intérêt particulier.

Il est donc un accroissement de récolte que rechercherait l'intérêt national et que refuse l'intérêt particulier, parce que celui-ci ne tend pas au plus grand revenu total, mais seulement au plus grand revenu net. [10]

De cette manière, propre à l'intérêt particulier, d'envisager le revenu, il résulte une seconde conséquence plus funeste encore à l'humanité.

La consommation des cultivateurs étant une dépense de la terre, diminuer la dépense, c'est augmenter le revenu. Dès-lors l'industrie agricole cherche et ne réussit que trop à rendre plus misérable la condition des ouvriers qu'elle emploie, à les livrer à des travaux toujours plus pénibles, à réduire leurs besoins au plus strict nécessaire, et à les remplacer sans cesse par des bêtes de somme, qui consomment moins et travaillent plus productivement : idée révoltante, qui cependant n'a rien que de raisonnable et de naturel pour l'intérêt particulier.

C'est donc en vain qu'en fuyant le séjour des villes l'homme croit pouvoir échapper au spectacle des vices inséparables de la civilisation ; ils les rencontre partout,

et l'on dirait que le bonheur n'a plus
un asile sur la terre. Où retrouver les
charmes de cette vie pastorale et contem-
plative, à laquelle sont dues les premières
connaissances astronomiques ? Qu'êtes-
vous devenus, mœurs patriarchales, temps
heureux de la sainte hospitalité, travaux
rustiques, dont les longs intervalles étaient
occupés par les chants et les soupirs de
l'amour ? Ces rians tableaux des plaisirs
que l'homme goûtait au sein de la nature, sont pour jamais relégués dans nos
livres ; et les campagnes, comme les villes,
semblent condamnées à n'avoir plus pour
habitans que des sibarites et des ilotes.

Bientôt du luxe même et de l'état où
est parvenue la société, naissent encore
de nouveaux obstacles aux progrès de l'a-
griculture.

D'abord, et en me répétant ici, le domaine de l'industrie ne peut s'agrandir,
que celui de l'agriculture ne devienne
moins étendu ; car je ne considère ici l'a-
griculture que comme l'art chargé de nourrir les hommes ; et il est incontestable que
la terre en nourrira d'autant moins qu'elle

fournira à l'industrie plus de matières pour le luxe.

Secondement, recueillir les fruits des travaux et des sueurs des autres, paraîtra bientôt trop pénible à la mollesse des propriétaires. Ils confieront leurs terres à des fermiers. Alors la maxime de sacrifier aux intérêts présens les intérêts de l'avenir, arrêtera les progrès de l'agriculture. Tout bénéfice éloigné, quelque certain, quelque considérable qu'il puisse être, sera rejeté par l'intérêt particulier des fermiers, s'il leur coûte la moindre peine, et surtout s'il en résulte le plus insensible préjudice pour les récoltes qui leur appartiennent.

Le défaut de frugalité sera un troisième obstacle : ce n'est pas que la nature prévoyante ait permis qu'un homme consommât beaucoup plus d'alimens qu'un autre ; mais comme il est impossible de concevoir une société propriétaire sans que le luxe s'y introduise, il est également impossible de concevoir le luxe sans qu'il s'attache à tous les genres de consommation ; et l'esprit du luxe étant de rechercher tout ce qui peut être un moyen de distinction, il préférera les produits dont la terre est le plus avare, ceux dont la culture exige plus de travail et de terrain, dont la récolte est moins abondante et plus incertaine. Le luxe dans le choix des alimens deviendra même un objet de convenance. Le genre de nourriture distinguera les différens états. Les liqueurs et les mets les plus rares, par cela seul qu'ils sont rares, seront destinés à la table des riches; l'eau, cette boisson si saine, sera rejetée par eux; et les alimens communs, quelque nourriciers, quelque succulens, quelque savoureux qu'ils puissent être, seront regardés comme des alimens grossiers, et abandonnés avec mépris à la dernière classe du peuple. *

Enfin, recherchés par l'opulence, les plaisirs même qu'offre la nature, s'opposeront encore aux produits de l'agriculture

---

* L'homme, dit Pline, ne recherche des alimens et des vêtemens, qu'autant qu'ils sont le prix des dangers; il veut que tout ce qui sert à entretenir son corps, ait pu coûter la vie à ses semblables.

PLINE, *Hist. nat.*, chap. de l'homme.

et aux progrès de la population. Si le re-
cueillement de soi-même, les rêveries de
la promenade, le silence de la solitude,
cette émotion religieuse que l'ame éprouve
sous la voûte sacrée des forêts, ont eu jamais quelques charmes pour le riche, il
voudra, il croira pouvoir entourer sa de-
meure de ces jouissances : et de vastes pa-
lais, des cours spacieuses, de larges avenues,
des jardins étendus, des parcs immenses *,
viendront ravir à l'agriculture son territoire souvent le plus fertile; diminueront
le revenu, de toutes les moissons qu'eussent données les terres réduites à grand
frais à la stérilité; arrêteront ou détrui-
ront la population, en proportion des produits qui manquent à la récolte.

Si l'intérêt personnel des propriétaires
et des cultivateurs tend presque toujours
à la multiplication des produits agricoles,
quelquefois donc aussi le même intérêt lui
est contraire. Mais l'intérêt personnel des
industrieux tend constamment à l'augmen-

---

* Vix pauca aratro jugera regiæ
Moles relinquent.   HORACE.

tation des produits industriels, à multiplier les objets consacrés au luxe, sans rien ajouter aux produits destinés à l'existence de l'homme.

Le luxe est donc le but vers lequel se dirigent tous les moyens et tous les efforts de la société. L'existence des *industrieux*, l'objet le plus sacré aux yeux de l'humanité, n'est, par la nature même de l'état social, qu'un intérêt secondaire ; les progrès de l'agriculture et l'accroissement de la population, objets de l'intérêt général, ne sont eux-mêmes que des moyens de parvenir à l'accroissement du luxe. Enfin, tout ce qui commande au travail, commande le luxe ; tout ce qui agit, n'agit que pour lui.

Le résultat des progrès de la civilisation n'est donc pas d'entretenir l'industrie avec moins de luxe : leur résultat est au contraire de perfectionner l'industrie, pour multiplier les jouissances du luxe.

Cependant, si jouir sans travail est la destinée des uns ; si travailler sans jouir est le partage des autres ; si les progrès de la civilisation tendent constamment à augmenter les jouissances des premiers et le fardeau des seconds; s'ils rendent plus sensibles l'inégalité et l'injustice sociales; si tous les vices, si tous les crimes peuvent résulter de cette double situation; le législateur doit prévenir, doit combattre, doit détruire ces funestes effets : mais qu'il se garde bien de prétendre détruire leur principe; il est inhérent à l'état même de la société.

Que cet état ne soit pas l'état naturel à l'homme; que celui-ci n'y ait été conduit que pour son malheur et par une réunion extraordinaire de hasards; que le genre humain doive regretter l'innocence de son premier âge; qu'il n'en soit de ces corps politiques, si vantés, que comme du corps humain, où le principe qui répand la circulation et la vie, finit par user ou détruire toutes les parties de la machine; que toutes ces opinions soient démontrées jusqu'à l'évidence, à quel résultat conduiront-elles? Il s'agit ici de déterminer, non pas si l'homme eût dû renoncer à l'état sauvage, mais s'il peut y retourner; et le novateur le plus délirant n'a jamais osé

avancer que ce retour fût possible. Dès
que l'état de société est reconnu comme
principe nécessaire, il faut en savoir sup-
porter les conséquences. Le droit de propriété, l'inégalité, le luxe, l'accroissement
du luxe, résultent nécessairement et immédiatement les uns des autres. C'est sous
ce point de vue relatif qu'il faut les considérer : l'accroissement du luxe, comme
une conséquence du luxe même ; le luxe,
comme une conséquence de l'inégalité ;
l'inégalité, comme une conséquence du
droit de propriété. Ces chaînons réunis
forment l'ordre social ; y porter atteinte
c'est compromettre non-seulement l'existence politique d'une nation, mais encore
l'existence physique de ceux qui la composent.

Conduit par mon sujet à faire l'analyse
de la société, j'ai dû rechercher quels
étaient les principes de son organisation ;
je ne me suis point proposé d'autre but.
Mais si l'on me demandait quelle leçon,
quel conseil, peuvent résulter d'un pareil
examen ; je répondrais : la leçon qu'une

terrible expérience vient de donner à ma
patrie ; le conseil du sage, quand il crie
à l'insensé, qu'il voit essayer de remonter
un torrent : malheureux, suis son cours,
ou tu vas être englouti.

TROISIÈME ÉPOQUE.

De la monnaie, et du commerce intérieur.

Le corps politique, tel que je l'ai considéré jusqu'à présent, n'est encore formé que des élémens les plus simples. Je n'y ai introduit que le droit de propriété et l'industrie : je n'ai point séparé la terre et le travail de leurs produits : je n'ai point regardé ceux-ci comme faisant eux seuls une richesse distincte : je n'ai point admis des signes représentatifs de la richesse réelle : j'ai supposé que le revenu national appartenait exclusivement à la terre et au travail, parce qu'ils en sont les seuls principes. Mais bientôt le commerce intérieur et la monnaie, incapables de produire par eux-mêmes, et qui n'en procurent pas moins de grands bénéfices particuliers, viennent ravir à la propriété et à l'industrie une partie de leur revenu. C'est ici que le système d'économie politique va devenir plus compliqué.

Par quelle adresse le commerce, dont toutes les opérations sont libres, peut-il retenir une partie de la richesse nationale?

Par quelle faute les propriétaires, qui semblaient devoir commander à tout le travail de la société, sont-ils exposés eux-mêmes à tomber dans la dépendance?

Par quelle bizarrerie la matière la plus inutile devient-elle l'objet le plus recherché? au moyen de quelle illusion, des métaux improductifs se sont-ils associés à tous les produits? Enfin, comment expliquer que le possesseur d'un or stérile récolte plus que le propriétaire d'une terre féconde?

Tels sont les problèmes qu'il me faut essayer de résoudre.

Le luxe, en augmentant les besoins, et l'industrie, en divisant les travaux, produisirent une telle variété de marchandises, qu'il devint presqu'impossible de les échanger directement; car il arrivait bien rarement dans un échange que l'un eût à vendre ce que l'autre voulait acheter, et voulût en même tems acheter ce que l'autre avait à vendre.

La monnaie et le commerce naquirent tous deux du besoin où se trouvait la société de convenir d'un objet contre lequel toutes les marchandises viendraient s'échanger, et qui ensuite s'échangerait contre elles *. Il est inutile de rechercher si les métaux furent d'abord, et généralement, adoptés; quelles causes leur ont fait obte-

---

* Le commerce représente l'échange des marchandises contre la monnaie, et de la monnaie contre les marchandises. Si ces marchandises s'échangeaient entre elles, il y aurait un simple échange et non un acte de commerce; il est donc aussi impossible de concevoir le commerce sans la monnaie, que la monnaie sans le commerce.

D'après cette définition, un acte de commerce pourrait se passer directement du consommateur au premier vendeur. La monnaie et le commerçant sont deux intermédiaires : la monnaie est la chose, le commerçant est l'agent. On peut moins facilement se passer de la chose que de l'agent. Un cultivateur vend directement ses denrées au consommateur; avec l'argent de celui-ci il achète directement un ouvrage de celui qui l'a fabriqué : il n'y a point eu un simple échange, il y a eu un acte de commerce; et cependant il n'y a point eu de commerçant, ou plutôt c'est le cultivateur qui dans ce cas l'a été pour lui-même.

nir la préférence, et quelles imperfections ils présentent encore : il ne s'agira que de déterminer l'influence d'une monnaie quelconque sur les divers intérêts de la société.

Dès que la monnaie qui devait servir à tous les échanges, fut convenue et adoptée, le commerce devint nécessairement un intermédiaire entre l'agriculture et l'industrie.

Le commerce remet à l'agriculture, en échange de ses produits, à l'industrie, en échange de ses ouvrages, une quantité de monnaie déterminée : telle est sa première opération.

Il fournit ensuite à l'industrie les produits achetés de l'agriculture ; à l'agriculture, les ouvrages achetés de l'industrie : il reçoit en retour toute la monnaie qu'il avait primitivement donnée à l'un et à l'autre. Ces deux opérations, continuellement répétées, forment tout le jeu de la machine économique, tout le mouvement du commerce. *

---

* Il serait bien facile d'expliquer comment le principe qui tendait à diviser toutes les occupations, a fait du commerce une profession exclusive :

Le bénéfice naturel du commerce est sa propre consommation ; ce bénéfice est fondé sur ce principe, que la quantité relative de la monnaie et des marchandises règle essentiellement leur valeur d'échange, que le total de l'une achète toujours le total de l'autre. Après avoir prélevé sa consommation, le commerce doit donc encore retirer de ce qui lui reste une valeur monétaire, égale à celle qu'il a donnée pour l'achat, puisque dans l'un et l'autre cas le total de la monnaie se trouve également échangé contre le total des marchandises ; et comme le commerce achète toujours des uns et vend toujours aux autres, il est difficile de déterminer sur qui portent véritablement ses bénéfices, qui par cette raison ne présentent rien d'odieux.

Cependant voilà une troisième classe de citoyens, qui n'existe et ne jouit qu'aux dépens des deux autres : car les *industrieux* ne reçoivent plus en alimens que l'excé-

---

mais cette recherche étoit superflue ; et j'ai, dès leur origine, décrit les opérations du commerce, telles qu'elles ont lieu lorsqu'il est parfaitement établi.

dant de consommation, non-seulement des propriétaires et des cultivateurs, mais encore des commerçans; et les propriétaires ne reçoivent plus en ouvrages de l'industrie que l'excédant de consommation des commerçans. Mais comme les commerçans étaient tirés de ces deux classes, et que la population de chacune d'elles avait dû diminuer proportionnellement, le désavantage n'eût été qu'apparent, s'il ne s'était ouvert pour le commerce une nouvelle source de bénéfices.

Quand les marchandises s'échangeaient directement contre des marchandises, elles se mesuraient entr'elles, et ne perdaient que relativement; lorsque l'une diminuait de valeur, la valeur de celle qui l'achetait augmentait proportionnellement.

Mais dès que la monnaie fut nécessairement un intermédiaire entre les besoins et les demandes, dès qu'elle devint le seul objet avec lequel tout s'échangea directement, une marchandise put diminuer de valeur sans qu'une autre en augmentât; et toutes les fois qu'une circonstance quelconque faisait baisser ou hausser le prix d'une marchandise, le commerce seul profitait de cette baisse ou de cette hausse; il achetait avec moins ou vendait pour plus de monnaie, et ce bénéfice n'influait pas sur ses opérations subséquentes.

Habile à dissimuler les progrès de l'agriculture et de l'industrie, le commerce obtient sur le champ un prix plus bas, comme acheteur; mais, comme vendeur, il cherche à maintenir le prix ancien, jusqu'à ce qu'enfin, la concurrence des commerçans les ayant trahis, la valeur des marchandises ne soit plus relative qu'à leur quantité respective, comme elle l'eût été d'abord sans l'intervention de la monnaie.

L'erreur et l'ignorance des consommateurs sont donc les causes qui élèvent le prix marchand au - dessus du prix naturel; elles sont les bases des opérations du commerce, les principes de ces bénéfices. La concurrence entre les commerçans rétablit au contraire le prix naturel; la liberté illimitée du commerce est ce qui anime le plus cette concurrence.

Quoique l'avantage du commerçant soit

relatif, et qu'il ne gagne jamais que ce que
d'autres perdent, l'emploi qu'il fait de ses
bénéfices est le plus conforme à l'intérêt de
tous; et s'il est vrai que l'économie soit la
vertu la plus utile à un état, on ne doit pas
craindre de proclamer le commerce comme un des bienfaiteurs de l'humanité.

Dépositaire du revenu annuel, il n'en
prélève une partie que pour l'emmagasiner; sans lui l'augmentation de la dépense
suivrait toujours l'accroissement de la richesse. Le commerce est un sage économe,
qui soustrait une partie du revenu au luxe
des consommateurs; c'est lui qui prépare
successivement ces fonds de réserve, dont
l'accumulation est le plus grand signe de
la richesse et de la prospérité des états.
L'agriculture crée, l'industrie modifie, le
commerce conserve. L'activité de l'agriculture, l'habileté de l'industrie, l'économie du commerce, servent également bien
les intérêts de la société. Autant la parcimonie d'un homme placé dans les autres
classes, pourrait devenir funeste, * si elle

---

* Si le despotisme menace toutes les fortunes,

n'avait d'autre effet que de resserrer le numéraire ; autant est toujours utile l'esprit d'épargne chez un commerçant, parce que ses épargnes se réalisent en marchandises : ses magasins sont les magasins publics ; les objets qu'ils renferment sont destinés à la consommasion de toute la société, et ne rassurent pas moins le peuple que le commerçant lui-même contre les inquiétudes de l'avenir.

Cependant ces fonds de réserve, quoique formés par le commerce seul, n'en sont pas moins le produit des économies de toutes les classes. Je vais chercher à expliquer cette proposition, qui au premier moment doit sembler paradoxale.

Le revenu de toutes les classes productives a été originairement, et par elles-mêmes, converti en monnaie ; conséquemment il doit, après l'année, en rester entre

l'or se cache et est enfoui ; si l'autorité publique ne s'occupe des engagemens particuliers, que pour en garantir l'exécution ; il n'est personne qui ne préfère employer utilement ses capitaux : ainsi, comme nous verrons bientôt que l'économie est le principe de la liberté individuelle, il n'est pas moins vrai de dire que la liberté publique est le principe d'une sage et utile économie.

leurs mains une partie égale à ce que chacun aura économisé sur son revenu particulier. Mais le besoin de la circulation
demande que toute la monnaie remise
par le commerce aux différentes classes
productives, lui soit restituée par ces mêmes classes, considérées comme consomma-
trices : il faut donc que chacune, après
avoir échangé une partie de sa monnaie
en marchandises destinées à la consommation actuelle, convertisse encore la partie
excédante en marchandises réservées pour
la consommation à venir.

D'un autre côté, conserver des marchandises pour la consommation à venir
de la société, c'est faire le commerce ; et
comme celui-ci a besoin de magasins,
comme il exige une aptitude et des connaissances particulières, il ne peut être
confié qu'à une classe de citoyens qui s'y
dévouent exclusivement.

Toutes les classes de la société doivent
donc employer au commerce les fruits de
leur économie, et toutes ne doivent pas s'y
consacrer elles-mêmes : tel était le problème à résoudre.

Ajoutant alors à ses moyens personnels toutes les ressources d'un crédit qui n'a de bornes que celles des trésors de la nation, plus puissant par la confiance que par l'autorité la plus absolue, le commerce établit lui-même une monnaie fictive, avec laquelle, sous l'appât d'un bénéfice, il s'empare de toute la monnaie réelle; comme avec cette monnaie réelle, qui n'est elle-même qu'une richesse représentative, il obtient ensuite tous les produits de l'agriculture et tous les ouvrages de l'industrie.

Les billets de crédit n'ajoutent rien à la richesse nationale. Si la monnaie qu'emprunte le commerce, lui appartenait, il n'y aurait point de billets, et la richesse serait la même. Les billets ne servent qu'à rassembler dans les mains du commerce tout le numéraire qui se trouve disséminé. * Les billets suppléent si peu à l'in-

---

*Les billets du commerçant au fabricant ne diffèrent point de ceux du commerçant au capitaliste. Ou le fabricant conserve les billets jusqu'à leur échéance, ou il les négocie et les échange contre du numéraire. Dans le premier cas, le fa-

suffisance de la monnaie, que le commerce au contraire serait obligé de souscrire des billets pour une somme d'autant plus forte qu'il y aurait plus de monnaie dans la circulation, car le signe représentatif doit toujours être en proportion de la chose représentée.

Ces billets représentent donc et font circuler la monnaie, comme la monnaie représente et fait circuler la marchandise. Leur total indique la somme que le commerce emploie sans qu'elle lui appartienne.

---

bricant qui peut attendre, et n'a pas besoin que les avances du commerce remboursent aussitôt les siennes, a nécessairement plus de capitaux que n'en exigent les opérations de sa fabrique. Or, qu'il prête comme capitaliste ce sur plus de fonds au commerçant, et qu'il reçoive ensuite le même argent comme fabricant; ou qu'il emploie lui-même son capital et s'associe au commerce en lui remettant directement sa marchandise, la chose est toujours la même. Dans la seconde supposition, que le commerçant emprunte l'argent du capitaliste et paie le fabricant, ou qu'il remette un billet au fabricant, qui l'échange ensuite contre l'or du capitaliste, le fond de l'opération est encore plus évidemment semblable.

Le crédit empêche de resserrer le numéraire : il n'ajoute rien à la richesse ni à la monnaie * ; mais il est l'heureux moyen à l'aide duquel tout ce qui n'est point commerçant peut s'intéresser et s'associer aux opérations du commerce, à l'aide duquel toutes les économies individuelles peuvent se réunir à ce fonds de réserve destiné à la consommation à venir de la société.

Il est donc pour les nations deux moyens d'accroître leurs richesses : l'un, d'augmenter leur revenu par l'agriculture et l'industrie ; l'autre, de ménager une partie du revenu annuel en l'accumulant toujours et en le conservant. Le commerce est chargé de ce dernier et utile emploi.

Cependant, une nation doit-elle vouloir amonceler sans cesse, ou la sagesse

---

* Il faut distinguer des billets du commerce les billets payables à bureau ouvert, qui ne portent aucun intérêt, tels que sont les billets de banque de France, tels qu'ont été ceux d'Angleterre : tant que les billets sont reçus généralement et sans perte, ils font toutes les fonctions de la monnaie, et en ont tout le caractère.

lui conseille-t-elle de s'occuper moins d'entasser que de jouir ?

L'accumulation des marchandises influe-t-elle sur leur prix ?

Comment enfin se détruisent et se dissipent les fonds de réserve créés par la sagesse et l'économie ?

Je vais successivement examiner ces différentes questions.

Qu'une nation ne dépense point tout son revenu annuel, son fonds de réserve s'agrandira successivement, et les marchandises accumulées sembleront être dans la société comme si elles n'y existaient pas : cependant elles n'en serviront pas moins à la consommation ; mais elles seront constamment remplacées par une partie égale ou plus grande du revenu.

De cet état de choses il résulte, premièrement, que la circulation des marchandises est plus rapide, et qu'elles se répartissent plus facilement suivant les différens besoins.

Secondement, que les marchandises ne sont jamais consommées qu'au moment le plus favorable pour leur consommation.

Ce second résultat est de la plus haute importance ; il présente une grande économie et un bénéfice absolu : mais pour l'obtenir, il n'est point besoin d'accumuler indéfiniment.

Il est des marchandises qui demandent à être consommées promptement ; il en est d'autres qui peuvent être indistinctement ou consommées ou conservées ; il en est enfin qui ont besoin d'un délai pour être consommées avec plus d'avantage.

Il serait inutile d'économiser les premières ; il est indifférent de conserver les secondes ; il est avantageux d'accumuler les troisièmes dans une proportion telle que l'on ne soit jamais forcé de les consommer avant qu'elles n'aient acquis du temps le degré de perfection qu'il doit leur donner.

D'un autre côté, après un temps plus ou mois long, toutes les marchandises se détériorent ou se détruisent. En accumuler une quantité telle que le temps consommerait ce que les hommes auraient refusé à leurs besoins et à leurs agrémens, ne serait point sagesse, ce serait folie.

S'il est utile que l'augmentation de la

dépense ne suive pas également et immédiatement l'accroissement de la richesse ; s'il
est utile que le commerce économise pendant quelque temps ce que les progrès de
l'industrie ajoutent au revenu, ce système
d'économie a donc aussi ses bornes. L'accumulation des marchandises est limitée
par la nature même des choses ; et il arrive
toujours un moment où, pour l'intérêt
social, la dépense doit s'élever presqu'au
niveau du produit.

Cette accumulation de marchandises influe-t-elle sur leur prix ?

Il semblerait qu'elle dût en faire baisser
la valeur ; et il faut convenir qu'elle la
rend partout égale, qu'elle diminue et
souvent même empêche une hausse mo-
mentanée, qu'elle anime la concurrence,
et tend constamment à rapprocher le prix
marchand du prix naturel. Mais on doit
remarquer aussi que la valeur des marchandises ne se mesure plus seulement par
leur quantité existante comparée au total
de la monnaie destinée à les acquérir : que
le commerçant refuse de vendre à moins
d'un bénéfice, et que n'abandonnant ses

marchandises à la concurrence des consommateurs que lorsque le prix de la
vente s'élève au‑dessus du prix coûtant,
il empéche le prix marchand de descendre
au‑dessous du prix naturel.

Comment donc cette richesse, accumu-
lée par la sagesse, parvient‑elle à se détruire ?

L'esprit de dissipation suffit pour diminuer les emmagasinemens formés par l'économie : mais pour les détruire entièrement,
il faut que le prix marchand tombe au-
dessous méme du prix naturel, et que le
commerce perde sur ses opérations. Placé
intermédiairement entre toutes les classes,
celui-ci peut profiter de leurs fautes, s'enrichir de leurs pertes, s'approprier tous
leurs avantages : s'il opère en sa faveur
un déplacement de fortune, il empéche
alors que la richesse nationale ne se dé-
truise; et comme l'économie est essentiellement l'esprit du commerce, il ne dissi-
perait peut-être jamais ses magasins, si,
dans le principe méme de son existence
et de ses progrès, il ne trouvait souvent
celui de sa ruine.

J'ai dit que le commerce avait eu besoin d'emprunts pour s'étendre autant que le demandait l'avantage de la société ; j'ai ajouté que ses emprunts avaient dû toujours égaler et absorber les économies particulières de toutes les classes utiles. Si les opérations du crédit ne s'étaient jamais étendues au-delà, il n'en eût pu résulter aucun inconvénient pour la société; mais dès qu'il fut reconnu que la monnaie pouvait se prêter, et procurer un bénéfice, sans exiger le moindre travail, les capitalistes, à l'exemple des propriétaires dont la mollesse avait confié leurs terres à des fermiers, voulurent aussi se débarrasser des soins, des fatigues et des inquiétudes du commerce, et aimèrent mieux attendre, au sein d'une tranquille indolence, un revenu fixe et déterminé.

Voilà donc la classe des commerçans qui se subdivise, en capitalistes possédant et prêtant les moyens de faire le commerce, en commerçans empruntans faisant valoir ces mêmes moyens.

La somme des billets du commerce dut alors augmenter en proportion des capitaux qui étaient prêtés au commerce, au lieu d'y être employés directement par leurs possesseurs.

Cependant l'époque et le produit de la récolte étaient connus d'avance, et la rente de la terre avait été facile à établir; mais dans le commerce le bénéfice et le moment de la rentrée des fonds sont également incertains. Dans ce doute, le commerçant, muni de la monnaie du capitaliste, courut la chance des événemens, et assigna d'avance à son prêteur un revenu fixe et déterminé, qu'il ne fonda que sur un bénéfice éventuel.

Tant que le cours des affaires est tel que l'a prévu le commerçant, le bénéfice du commerce se partage sans aucun inconvénient entre celui-ci et le capitaliste; mais si le premier s'est trompé dans ses calculs, s'il n'a pu vendre sa marchandise avant l'échéance de ses billets, il est forcé, ou de recourir au capitaliste, en lui promettant de nouveaux avantages, ou de vendre sa marchandise au prix qu'il en trouve : le premier parti est souvent le plus onéreux, et force toujours à recourir au second.

Lorsque ces pertes ne sont que partielles, le commerce ne souffre point ou souffre peu dans son ensemble : mais si les dépenses, les fausses spéculations, les engagemens imprudens, le malheur et les pertes des uns ne sont point compensés par la sagesse, l'ordre, l'économie, la prévoyance, le bonheur et le bénéfice des autres, le commerce est obligé de toucher à son fonds de réserve ; les marchandises vont au-devant des consommateurs ; elles s'offrent à la vente en quantité plus considérable que le produit de l'année ; le prix marchand tombe au-dessous du prix naturel ; et il en résulte trois conséquences également funestes.

L'une, que la nation augmente sa dépense et s'habitue à l'élever au-dessus de son revenu annuel ; la seconde, que le revenu diminue et que l'industrie est sans emploi, parce que le prix marchand tombe au-dessous du prix de fabrique ; la troisième, que cette impulsion, une fois donnée au commerce, ne s'arrête plus.

Au premier moment de la baisse, les plus économes et les plus riches resserrent leurs marchandises. Mais si cette opération ne produit point l'effet subit de faire monter les prix, bientôt ces commerçans eux-mêmes, pressés par leurs engagemens, victimes de la folie et de l'ignorance de ceux qui courent la même carrière, sont également obligés de vendre au prix courant. Chaque jour voit écheoir de nouveaux billets, et contracter des engagemens plus onéreux; chaque jour augmente l'insolvabilité du commerce, et le met de plus en plus dans la nécessité de vider ses magasins.

La quantité des marchandises diminue, et le désir des propriétaires s'irrite par la difficulté de les obtenir: leur prix, qui d'abord avait baissé, s'élève ensuite sans que les ressources de l'industrie s'en augmentent; car tout le monde veut dépenser, et personne ne veut avancer de l'argent. On voit alors le contraste odieux d'un luxe effréné et d'une misère presque générale. Les propriétés veulent toutes se vendre, et restent sans valeur; le commerce dissipe ses richesses; l'industrie est sans emploi; le numéraire seul a une grande valeur et se prête à un taux effrayant. Plus il devient rare, plus il faut en donner pour acheter les marchandises. Il devient rare, non point tant parce que sa quantité diminue, mais parce que tous les objets d'échange et toutes les propriétés en demandent concurremment pour se disputer les derniers lambeaux du commerce. Enfin on voit de tous côtés les débris des fortunes particulières passer dans les mains des prêteurs d'argent, dont l'intérêt se trouve en opposition à celui des classes utiles, et dans celles des gens de justice créés pour maintenir l'ordre et les engagemens civils.

Qu'importe, en ces momens de crise, qu'une nation possède beaucoup de marchandises? ses fonds de réserve pourront retarder, mais n'empêcheront pas sa ruine; avant de remonter vers la prospérité et la richesse, elle doit descendre au dernier degré de dépérissement.

Il semble même que cette accumulation de marchandises, source de tant de biens, soit ici la véritable cause du désordre: car, sans elle, la dépense n'eût pu s'élever plus haut que le revenu; sans elle le commerce n'eût pu fournir à un taux plus bas que l'industrie, et celle-ci ne serait point restée sans emploi.

Ainsi tel qui eût vécu heureux par le travail au sein de la médiocrité, finit par la misère, en raison même de ce qu'il a pu commencer par une oisive opulence; ainsi la sage économie des pères n'est bien souvent qu'un moyen de fournir à la prodigalité des enfans, et devient la cause même de leurs malheurs.

J'ai attribué essentiellement à la monnaie la faculté de faire le commerce; j'ai recherché quels étaient les bénéfices du commerçant, quels étaient les avantages du commerce; j'ai prétendu que sans le crédit le commerce ne pourrait s'étendre autant que l'exigeait l'intérêt social, et que la circulation s'arrêterait à chaque instant; j'ai déterminé les limites naturelles de l'accumulation des richesses; et enfin, observant comment pouvaient se détruire les fonds de réserve amassés par la sagesse, j'ai cru découvrir dans le crédit, dans le principe de la vie et du développement du commerce, le principe de sa destruction, comme s'il en devait être de l'ordre politique ainsi que de l'ordre physique : comme si, tels que le plaisir et la douleur, le bien et le mal devaient avoir une source commune.

Après avoir décrit la nature du commerce et suivi ses différens résultats, il me faut à présent revenir sur mes pas, et marquer la révolution que le commerce et la monnaie produisirent sur l'économie intérieure de la société.

Le travail avait été primitivement le seul principe de la richesse; le droit de propriété le devint à son tour, dès qu'il s'étendit sur tout le territoire de la société, et que le travail fut obligé de se vendre; enfin, au moyen du commerce et de la monnaie, le revenu national ne reçut plus d'accroissement que par l'emploi de la richesse mobiliaire ou des capitaux.

Pour rendre plus sensible ce que je viens d'établir, il est nécessaire d'observer qu'aucun peuple, comme aucun individu, ne se nourrit et ne jouit des produits d'un travail présent; que tous ne se nourrissent et ne jouissent que des produits d'un travail passé; que les fruits du travail présent sont pour l'existence et les jouissances à venir. Ainsi, à moins de supposer une peuplade réduite à subsister des produits spontanés de la terre, il faut toujours admettre qu'une nation est pourvue d'un fonds d'alimens et d'ouvrages suffisant pour attendre la reproduction des uns et des autres. Ce fonds de réserve n'est autre chose que le revenu acquis de la terre et du travail. Je l'ai donc considéré jusqu'ici comme essentiellement inhérent à la propriété et à l'industrie. Mais du moment que les peuples ont établi le commerce et connu l'usage de la monnaie, la richesse foncière et la richesse mobiliaire pouvaient se trouver dans des mains différentes, et la richesse mobiliaire obtint alors toute la supériorité. La terre et le travail ne reproduisirent plus que par elle, et son possesseur eut sur le propriétaire lui-même un avantage d'autant plus grand que le besoin présent est plus impérieux que le besoin à venir.

Le commerce qui possède dans ses magasins toute cette richesse mobiliaire, n'en est réellement que le dépositaire ; il ne l'emploie directement à aucun usage personnel, et ne la destine qu'à être échangée contre de la monnaie. La monnaie seule a donc un droit à la richesse mobiliaire ; seule elle en dispose et la répartit : elle commande au travail et le rend indépendant ; elle fournit à l'industrie des alimens, des matières premières et des outils : elle est, et le besoin universel, et la source de tous les produits ; elle s'associe à tous les bénéfices, et ses possesseurs deviennent les heureux dominateurs de la société.

Dans les premiers momens, la monnaie fut remise aux classes productrices , et les propriétaires durent être les premiers capitalistes. Le seul défaut d'économie *

---

* Quoique le défaut d'économie soit la seule cause qui ait privé les propriétaires de leurs avantages naturels, la monnaie fut la cause première du défaut d'économie ; les propriétaires se seraient difficilement dessaisis de ce qu'ils auraient réservé sur leur récolte pour leur propre subsistance, et il est dans la nature des choses, que l'on dissipe bien plutôt le signe de la richesse que la richesse même.

a pu sans doute les priver de leur supré-
matie : mais dès que cette cause a existé ;
dès que les propriétaires se sont dessaisis,
avant le retour de la récolte, du signe représentatif du produit de leurs terres, la
propriété a perdu tous les avantages qui
lui étaient d'abord assurés * dans un échange
direct et immédiat.

S'il avait été possible que cette monnaie fût également répartie entre les *industrieux*, ils eussent tous été indépendans ; rassurés sur le besoin présent, ils
eussent pourvu par le travail à leurs besoins à venir : mais assez de raisons dé-
montrent évidemment, combien était impossible cette égale répartition. Les *industrieux*, indépendans des propriétaires,
devaient donc commencer à dépendre les
uns des autres, en proportion exacte de

---

* Il est possible et il arrive souvent, que la richesse
mobiliaire et la richesse foncière se trouvent réu-
nies et que le même individu est propriétaire et
capitaliste : mais s'il est devenu capitaliste en qualité de propriétaire, ce n'est que parce qu'il a conservé ses capitaux, qu'il conserve ses avantages ;
ce n'est point comme propriétaire, c'est comme capitaliste, qu'il commande encore au travail.

la différence de leurs moyens monétaires: car, en supposant que la monnaie qui leur était remise fût précisément égale aux besoins de tous, nul ne pouvait posséder au-delà de ce qui lui suffisait, à moins qu'un autre ne fût privé de ce qui lui était indispensable : le superflu du premier devenait le nécessaire du second ; et celui-ci était obligé de préférer la perte de sa liberté à celle de son existence.

Dans le système chimérique d'une entière égalité, tous travailleraient; mais, comme chacun ne travaillerait que pour soi, comme on serait toujours à même de comparer la peine que coûte le travail, à l'avantage qui en résulte, il y aurait beaucoup de travailleurs, mais peu de travail et de produit.

Dans l'état contraire, fondé sur l'inégalité, ceux qui commandent au travail n'ont aucun motif de ne point multiplier, autant qu'il est en eux, les travaux de ceux qui sont dans leur dépendance ; et comme dans ce cas un seul homme dispose de beaucoup de bras, il les emploie avec plus d'intelligence : il y a donc moins de travailleurs, mais plus de travail et de produit; il en résulte que l'égalité serait plus favorable au bonheur, que l'inégalité l'est davantage à l'accroissement de la richesse.

Préférer le bonheur à la richesse, et désirer que tous les *industrieux* soient égaux, aisés et indépendans, est un vœu qui honore un ami de l'humanité : mais croire à la possibilité de ce résultat, est une ridicule absurdité ; en faire la base d'un système de réforme et d'administration, serait la plus dangereuse et la plus criminelle des erreurs. Dans tous les pays d'industrie on peut compter pour un ouvrier vraiment libre, vingt ouvriers dépendans, ou d'un maître, ou d'un fabriquant, ou d'un consommateur, qui les emploie directement. On peut donc considérer séparément la monnaie qui commande, et le travail qui obéit ; il s'agit de rechercher les rapports de l'un et de l'autre, et de déterminer quelles causes augmentent ou diminuent l'empire de la monnaie et la dépendance du travail.

Il existe une proportion nécessaire entre

le nombre des riches, le nombre des ouvriers indépendans, et celui des ouvriers dépendans.

Plus le travail obtiendra un salaire supérieur au besoin présent de l'ouvrier, plus il sera facile à celui-ci d'économiser pour subvenir à ses besoins à venir et se rendre indépendant.

Plus les ouvriers indépendans seront nombreux, moins il y aura de riches, et moins grandes seront les fortunes particulières; de même que moins il y aura de riches et de fortune, moins il y aura de pauvres et d'indigence.

Tout le problème se réduit donc à découvrir ce qui peut élever le prix du travail, puisque l'égalité et l'indépendance seront d'autant plus grandes, puisqu'il y aura d'autant moins de misère, que le travail sera plus récompensé.

Le travail, seul et privé de secours, ne saurait rien créer ni produire ; il ne peut que se vendre : et il en est du travail comme de tout ce qui se vend; il est plus ou moins cher suivant qu'il est plus ou moins rare, relativement à la demande.

Si la demande et la population augmen-

tent proportionnellement, le prix du travail reste le même. Si la demande augmente plus que la population, le prix s'é-
lève; il baisse, si la population augmente
plus que la demande.

L'emploi du travail ne dépend donc
point de lui-même; il ne dépend que de
l'emploi de la richesse. Si chacun veut
ajouter à ce qu'il possède, si ce désir
est général dans une nation, toute la monnaie se disputera l'acquisition du travail:
la demande de ce dernier s'élèvera toujours au-dessus des moyens d'y satisfaire;
elle augmentera à mesure que ceux-ci se
multiplieront, et le travail conservera
toujours la plus forte valeur, pendant que
la richesse et la puissance nationales augmenteront progressivement.

Il est consolant de penser que l'augmentation des fortunes particulières, quand
elle tend à l'accroissement du revenu national, procure à tous ceux qui composent
la société, la plus grande somme possible
de liberté, d'égalité, d'aisance et de bonheur. Le riche n'est donc pas seulement
un être privilégié, appelé à jouir sans tra-

vail des avantages de la société ; *le riche influe sur le sort de ses semblables.* Puisse cette idée, généralement répandue, apaiser l'envie qu'excite toujours l'homme opulent, et la remplacer par un sentiment de reconnaissance pour celui qui fait un utile emploi de ses biens ! puisse-t-elle surtout élever l'ame du riche, et le prévenir qu'en dissipant sa fortune il n'aura plus aucun droit à l'intérêt de la société, à laquelle il a fait le tort le plus grand qui fût en son pouvoir !

Cependant, s'il arrivait jamais que tous les membres du corps politique ne cherchassent qu'à augmenter leurs revenus et à diminuer leurs dépenses, il semble que les marchandises trop accumulées n'auraient plus de valeur, et que le travail perdrait également la sienne, quoiqu'il ne soit point probable qu'aucun peuple ait jamais à craindre le danger d'une trop grande économie. Cette objection n'en est pas moins spécieuse. Le système que j'ai d'abord établi, aurait donc besoin d'être modifié, ou plutôt il doit être présenté avec plus de développement.

En considérant le revenu national, indépendamment de la monnaie qui le représente, il se compose des produits de l'a-
griculture et des ouvrages de l'industrie.
Les premiers, en nourrissant les cultivateurs, se reproduisent toujours avec bénéfice, et, en alimentant les ouvriers, se
convertissent pour ainsi dire en marchandise; seconde branche du revenu, qui se
consomme définitivement et sans aucun
espoir de reproduction. Telle est la circulation de la richesse réelle : examinons
comment la monnaie en conduit le mouvement. Une somme est remise aux différentes classes de la société, et représente
leur revenu. Une partie de cette somme
est consacrée par elles à leur consommation, et achète directement des marchandises; l'autre, mise en réserve par l'économie, est employée à salarier le travail,
qui s'en sert ensuite pour acheter ce qui
lui est nécessaire.

Ainsi, suivant que la monnaie achète
la marchandise ou le travail, elle consomme sans reproduire, ou reproduit plus
qu'elle ne consomme.

Si la monnaie, consacrée à l'achat du travail, ne diminue point, ou si elle augmente proportionnellement à celle consacrée à l'achat des marchandises, tout le travail sera non-seulement acheté, mais encore récompensé d'un haut salaire; tous les ouvriers pourront exister, et ils existeront dans l'abondance. La demande des produits de la terre sera la plus grande possible; leur prix s'élèvera avec celui du travail : l'agriculture sera encouragée; une grande partie des moyens de la société se dirigera vers elle. D'un autre côté, les ouvrages de l'industrie se multiplieront, et leur prix diminuera proportionnellement.

Si c'est, au contraire, la somme consacrée à l'achat du travail qui diminue, les ouvriers se trouveront sans emploi, conséquemment privés des moyens de subsistance ; le travail sera moins payé, et les ouvriers plus mal nourris : la demande des produits de la terre sera moindre, l'agriculture découragée, et les ouvrages de l'industrie se vendront plus cher.

Ainsi l'accroissement du luxe nuit à l'in-

dustrie, en lui enlevant ses capitaux. C'est
en vain que les commerçans ou les fabricans tenteraient alors d'augmenter leurs
moyens par le crédit; le crédit ne peut
attirer le numéraire qu'autant que les possesseurs de celui-ci veulent s'en former un
revenu. Comment donc, malgré le luxe,
les peuples civilisés ont-ils pu soutenir
leur industrie ? C'est ici le moment de
rendre compte de la plus belle et de la
plus importante découverte de l'économie
moderne.

Quel homme de génie a dit le premier
à des commerçans :

» Réunissez-vous et formez un fonds,
« partie en monnaie, partie en billets
« souscrits par chacun de vous : émettez
« une quantité de billets de banque égale
« à votre fonds : échangez ces billets de
« banque contre des billets particuliers
« de commerçans, dont la solvabilité aura
« été reconnue par ceux que vous choi-
« sirez parmi vous comme les plus intel-
« ligens et les plus probes ; vos billets de
« banque seront ainsi garantis par une
« valeur double de la leur.

» Annoncez que vous les échangerez à « bureau ouvert contre de la monnaie : « les capitaux que vous avez en caisse, « quoiqu'inférieurs à la somme de vos « billets, seront toujours supérieurs à la « demande, parce que l'assurance d'être « payé à volonté, la double garantie des « billets, la moralité des administrateurs, « empêcheront qu'on ne présente à l'é- « change d'autres billets que ceux dont « on aura besoin de diviser la somme. »

Il a dû ajouter : » Cette nouvelle mon- « naie vous présente de nouveaux avan- « tages : l'homme le plus riche va pouvoir « porter tous ses trésors avec lui ; le com- « merce ne connaîtra plus d'obstacle ; des « affaires immenses se traiteront aussi faci- « lement que les plus simples marchés. « Par un seul acte de votre volonté, vous « allez créer plus de richesses que ne pour- « raient en produire les mines les plus « fécondes : ces nouveaux trésors ne seront « point livrés à l'ineptie et au luxe dissi- « pateur ; remis à l'active industrie, au « commerce économe, ils les délivreront « de leur gêne et du monopole des capi- « talistes. »

Ces promesses ont-elles été réalisées ? Oui : toutes les fois que la banque s'est bornée à prêter au commerce ; qu'elle ne s'est livrée elle-même à aucune spéculation, et que le gouvernement n'a point violé un dépôt qu'il est toujours de son intérêt de respecter.

Ce nouveau système a peut-être créé plus de monnaie qu'il n'avait été importé d'or et d'argent en Europe par les conquérans du nouveau monde ; et cependant il s'en faut bien que le prix des marchandises ait aussi prodigieusement augmenté.

La solution de ce problème est, que l'or acquis par l'avide cruauté des Espagnols, fut consacré exclusivement à procurer des objets de luxe, tandis que les billets de banque sont d'abord remis à l'industrie et au commerce.

Shmits a très-bien observé que des trois parties qui constituent la valeur d'une marchandise, savoir, les matières premières, le salaire de l'ouvrier, et l'intérêt de l'argent, l'augmentation de cet intérêt était la cause qui influait le plus sur le prix de la marchandise.

Si la monnaie, ajoutée à celle en circulation, augmente seulement la somme destinée à l'achat du travail, son effet principal sera de faire baisser l'intérêt de l'argent; si, au contraire, cette augmentation de monnaie est ajoutée à la somme destinée à la dépense, elle n'aura d'autre résultat que d'élever le prix des marchandises.

Ce qui intéresse une nation, c'est donc moins la quantité de ses capitaux que leur emploi.

Que la monnaie destinée à l'achat du travail soit toujours égale au prix marchand de tous les produits alimentaires de l'agriculture, la richesse et la population ne pourront être arrêtées que par l'impossibilité physique d'augmenter l'un et l'autre; car le revenu ne saurait s'étendre indéfiniment, et ses bornes fixeraient également celles de la population.

Mais il semble que celui dont la sagesse gouverne l'univers, ait voulu que l'homme ne puisse que s'accuser lui-même; car il n'est point de nation qui ne soit restée bien en-deçà du degré de richesse et de puissance que la nature lui permettait d'atteindre ; aucune n'a suivi et ne suit constamment le système qui aurait pu l'élever à l'apogée de la richesse. Partout le raisonnement démontre qu'il est possible encore de multiplier les hommes et d'accroître le revenu; et partout des malheureux périssent en sollicitant inutilement de l'emploi. Enfin la population, qui nulle part n'est arrêtée par l'impossibilité physique de nourrir plus d'individus, semble chez tous les peuples arrêtée par une vue d'organisation sociale qui ne permet pas même d'employer tous les membres valides de la société.

Il ne suffit donc point de multiplier les produits de l'agriculture : pour qu'une nation subsiste, il faut non-seulement qu'elle puisse être nourrie, mais encore qu'elle soit employée, puisqu'elle n'est nourrie qu'autant qu'elle est employée.

La population est arrêtée par le manque d'emploi, comme par le manque de subsistance [11]. Le nombre des ouvriers ne peut surpasser la demande du travail. Tout ce que les lois de la nature ajoutent

à la population au-delà de ce nombre, en est constamment retranché par la misère : fleau plus cruel que cette loi de Sparte qui n'immolait que l'enfance insensible, car il frappe indistinctement tous les âges, et n'épargne aucun tourment à ses victimes.

Cependant la crainte d'être compris dans le nombre de ceux qui restent sans emploi, est alors le plus grand véhicule de l'industrie. Le travail redouble d'activité; l'adresse déploie toutes ses ressources, l'intelligence tous ses moyens. La misère fait périr quelques individus, la crainte de la misère augmente les forces productives des autres ; et la même cause qui arréte la population, multiplie les jouissances et les richesses. Ainsi, partout se trouve le mélange du bien et du mal.

Résumons un instant les résultats des progrès de la civilisation.

L'invention de la monnaie rendit la classe des *industrieux* indépendante de celle des propriétaires. A l'aide de la monnaie, le travail devint indépendant ; privé de la monnaie, il dépendit de celui qui la possédait. La valeur du travail est déterminée par la demande, c'est-à-dire, par la quantité de la monnaie destinée à l'acheter. L'accroissement de la population et de la richesse suivent également l'augmentation de la demande du travail. Cette demande est plus ou moins grande, suivant que la disposition à l'économie est plus ou moins générale dans une nation. Enfin, comme les lois ne sauraient ordonner l'économie, le bien-être de la société dépend entièrement des mœurs, et ne dépend de la législation qu'autant qu'elle influe sur les mœurs.

Ce n'est point que par la nature des impôts et l'emploi de leurs revenus, les gouvernemens, bien plus que tout particulier, ne puissent augmenter ou diminuer le capital destiné à l'achat du travail ; déjà même les peuples les plus policés ont consacré cette maxime, que *la société doit de l'emploi et un salaire à celui qui mendie inutilement l'un et l'autre.*

Il serait sans doute plus utile, et souvent même plus facile, de prévenir la mendicité, qu'il ne l'est d'y remédier. Il est déplorable, sans doute, que le travail soit avili; qu'il reçoive de l'emploi comme une aumône, et que le sort des ouvriers se rapproche davantage de celui des forçats: néanmoins ce mal en empêche un plus grand; et dès que la mendicité existe, il n'est plus question que d'y porter remède, et de déterminer les principes d'après lesquels le gouvernement doit employer cet excédant de population.

Son travail peut être consacré à des ouvrages d'utilité publique, ou à l'agriculture, ou à l'industrie. Ce dernier mode d'emploi a été préféré depuis quelque temps, comme le moins dispendieux pour le gouvernement, le plus favorable à l'accroissement du revenu national et à la balance du commerce. On s'est fondé sur cette opinion, que l'industrie était arrêtée par le défaut de capitaux; que s'il y avait plus de fonds entre les mains des fabricans, tout le travail serait acheté et employé; qu'il ne s'agissait donc que de substituer les capitaux du gouvernement à ceux des particuliers, * et qu'on

---

* Le gouvernement ne peut employer de nouveaux capitaux à une nouvelle dépense, qu'en demandan,

obtiendrait les mêmes résultats : examinons les suites de ce système.

L'industrie des ateliers de charité [12] concourt ou avec l'industrie étrangère ou avec l'industrie nationale.

Dans la première supposition, l'on ne peut qu'applaudir au projet de rendre la nation indépendante de l'industrie étrangère : but utile, vers lequel doivent tendre constamment les gouvernemens, et pour lequel ils ne doivent regretter aucuns sacrifices.

Mais plus souvent, et même presque toujours, les ateliers de charité concourent et ne concourent qu'avec l'industrie nationale; concurrence dont les effets sont bien différens.

La valeur des marchandises repose sur des bases certaines; leur prix est toujours

---

de nouvelles contributions aux peuples, et les capitaux particuliers diminuent en raison de ce que les capitaux du gouvernement augmentent. Il n'en serait pas de même si les gouvernemens diminuaient proportionnellement leurs dépenses; mais c'est ce qui n'arrive jamais, parce qu'ils prétendent n'en avoir que d'indispensables; et il faut même convenir qu'il y a presque toujours des inconvéniens à ce qu'ils en retranchent une partie.

en raison composée de leur quantité et de la somme destinée à les acheter. Si leur quantité seule augmente, le prix diminue en proportion de cette quantité ; mais il ne peut jamais descendre au point que celui qui travaille ou fait travailler, ne soit pas remboursé de ses avances : cette baisse forcerait le nombre des *industrieux* à s'arrêter ou à diminuer ; et alors, ou l'industrie s'étendrait et chercherait à créer des produits d'un nouveau genre, ou le commerce accumulerait pour la consommation à venir, et les marchandises mises en réserve étant égales à celles que l'augmentation des ouvriers ou le perfectionnement de la main-d'œuvre aurait ajoutées au revenu, le nombre des ouvriers aurait pu ne point diminuer, et même s'accroître encore.

Pour que le gouvernement obtienne ce résultat, il faut donc qu'il crée de nouvelles branches d'industrie, ou qu'il emmagasine pour des temps moins heureux les ouvrages qu'il fait fabriquer.

Car si les ouvrages sont les mêmes que ceux déjà confectionnés par l'industrie libre, et s'ils sont offerts brusquement au commerce, le nombre des ouvriers libres diminuera chaque année, en quantité égale à celle nécessaire pour fabriquer les ouvrages que fournissent les ateliers de charité.

Heureusement, et même nécessairement, tous les ateliers publics sont mal dirigés : mais s'ils étaient administrés avec le soin, le zèle, la persévérance, l'économie, l'attention dans les détails, l'esprit d'observation, qu'un fabricant apporte dans sa manufacture; si l'on y cherchait sans cesse à perfectionner le travail; si l'on encourageait l'activité, l'adresse et l'intelligence; si l'on tirait parti du courage que peuvent donner la misère et l'espoir d'en sortir, bientôt il n'y aurait plus ni fabrique, ni manufacture; il n'y aurait que des ateliers de charité; l'industrie libre serait détruite : et comment pourrait-elle soutenir la concurrence avec le gouvernement, qui consentirait à vendre avec perte?

Il faut donc que les ateliers de charité cessent de concourir avec l'industrie nationale; sans quoi la même cause qui détruit la mendicité, la reproduirait sans cesse, et finirait par substituer entièrement à des ouvriers libres, des ouvriers ne recevant plus d'emploi que sous une avilissante dénomination.

Il est une direction bien préférable à donner au travail dont le gouvernement dispose; ce sont les amendemens d'un sol ingrat, le défrichement des landes, le desséchement des marais : opérations de l'agriculture, qui ne remboursent pas toujours de leurs frais, mais à l'aide desquelles une génération laisse à celle qui lui succède, un territoire plus fertile et des récoltes plus abondantes; bienfaisantes entreprises, qui n'appartiennent qu'aux gouvernemens, parce que les particuliers ne peuvent considérer que l'intérêt présent, tandis que les gouvernemens doivent administrer pour les siècles.

Ah, si les hommes étaient justes, ou s'ils entendaient mieux leurs intérêts, la gloire serait surtout le partage de ceux qui ont illustré leur administration par de semblables entreprises : le nom de Pie VI serait au-dessus de ceux de Léon X et de Sixte V. Ces deux derniers pontifes

sont grands sans doute par la renaissance
des arts : mais l'infortuné qui périt à
Valence, avait essayé de rendre à l'agriculture les déserts qui environnent Rome ; il
a desséché les marais Pontins, et grâces
à ses soins vraiment patriarchaux, une
superbe route, ombragée d'arbres incon-
nus à cette contrée, traverse à présent,
pendant l'espace de six lieues, une plaine
brûlante, dont l'aspect seul était autrefois
mortel aux voyageurs.

Que de canaux à ouvrir, de ponts à
élever, de routes à réparer, de bâtimens
d'une utilité publique à construire, appellent encore le travail ! Ces ouvrages restent à la postérité, véritables monumens
de grandeur pour l'administration qui les
a créés. Que les économistes cessent de
vanter exclusivement les produits de l'industrie mercantile : où sont à présent tous
ceux manufacturés pendant les temps laborieux de Colbert ? ils ont péri avec la
génération qui les a fabriqués, tandis que
les vainqueurs des Pyramides, de Hohen-
linden et de Marengo reposent encore sous
les mêmes lambris qui ont reçu les vain-

queurs de Rocroi, de Denain et de Fonte-
noy; tandis que le commerce voiture encore ses marchandises sur le superbe canal
par lequel Louis XIV unit les deux mers
étonnées.

Ce travail excédant n'offre donc que
des avantages, soit qu'on le dirige vers les
progrès de l'agriculture ou l'affaiblissement
du commerce étranger, soit qu'on l'emploie à des constructions d'une utilité publique : il présente au contraire de grands
inconvéniens s'il rivalise l'industrie nationale. Les gouvernemens n'achètent point
le travail concurremment avec l'industrie,
mais au défaut de l'industrie : l'emploi de
ce travail doit donc être étranger à celui
de l'industrie; comme tout influe sur ses
opérations, elle a besoin d'être livrée entièrement à elle-même. Enfin, il ne faut
jamais oublier ce principe, que vendre et
fabriquer avec perte, c'est porter à l'industrie, et par suite à la société, le coup le
plus funeste que l'une et l'autre puissent
recevoir.

Si le gouvernement néglige d'occuper
les *industrieux* qui restent sans emploi,

il n'y a plus d'autre moyen d'augmenter
la population qu'en multipliant les emplois 13 improductifs.

Je sais qu'il faut compter dans cette
classe d'improductifs, une foule d'hommes
qui n'achètent leur existence que par des
crimes, des délits, ou par les plus vils
services ; je sais qu'il vaudrait mieux diminuer la population, si l'on pouvait n'en
retrancher que cette race de frelons : mais
parmi ceux que l'on appelle improductifs,
parce qu'il ne résulte de leur travail aucune denrée ni aucune marchandise, il en
est beaucoup qui produisent à la société
les avantages les plus grands, aux individus, les jouissances les plus douces et les
plus réelles.

Le législateur, l'homme d'état, le magistrat, le guerrier, ne sont-ils pas les
soutiens de l'édifice social, et ne devien-
nent-ils point, sous quelques rapports, les
principes de tous les produits ? Le médecin, qui ajoute à la population en pro-
longeant le terme de la vie des hommes ;
le philosophe, dont toutes les facultés sont
constamment employées à étendre le do-

maine des connaissances humaines; le moraliste, dont les préceptes nous enseignent la vertu; l'orateur, dont les séduisans tableaux nous la font aimer; le pasteur vénérable, qui, bravant la contagion de la maladie, vient au lit d'un mourant embellir sa dernière pensée de l'espoir de l'immortalité : tous ces êtres ne produisent-ils rien; et n'est-ce rien que la santé, que la vertu, que la jouissance d'une bonne action et que la paix de l'ame?

En descendant à des états moins considérés, ces artistes qui ne procurent que des plaisirs fugitifs, dont il ne resterait aucune trace, si la mémoire n'avait été donnée à l'homme pour perpétuer les jouissances d'un moment, ces danseurs, ces musiciens, ces comédiens, ne procurent-ils point souvent plus d'agrémens réels que n'en donnent beaucoup d'ouvrages de l'industrie, destinés entièrement à flatter la vanité? et si ceux-là n'ajoutent rien à la richesse, ils ajoutent au plaisir et au bonheur, seul but que se propose la richesse, et qu'elle n'atteint pas toujours.

Au surplus, les hommes improductifs

ne consomment point la somme réservée par la sagesse et l'économie pour former un revenu ; ils ne diminuent que la somme consacrée par les riches à leurs dépenses particulières.

Si plus d'industrieux ne concourent point à l'agrandissement de la richesse, les riches doivent s'en accuser eux-mêmes : car il dépend d'eux d'augmenter la somme destinée à salarier des ouvriers productifs, et le nombre de ceux-ci s'élèvera toujours proportionnellement ; mais ceux qui ne possèdent que leur travail, n'ont pas le pouvoir d'en vendre plus que les riches n'en veulent acheter.

Qu'ils cessent donc, ces reproches barbares que du sein d'une oisive opulence on adresse trop souvent à la paresse des indigens ; c'est la dissipation du riche qui est coupable de l'inactivité du pauvre. L'indépendance ou l'avilissement, l'aisance ou la misère, la vie ou la mort, ses vertus même ou ses vices, le pauvre attend tout de l'emploi de la richesse, et cet emploi est en dernier résultat le seul principe de l'ordre et du désordre politique, de tous les biens et de tous les maux qui existent au sein des sociétés.

Après avoir recherché comment l'emploi du revenu influe sur le travail, et quelle est à son tour l'influence du travail sur la reproduction du revenu, sur l'accroissement de la richesse et de la population, il me faut enfin examiner aussi les rapports de la monnaie avec la richesse foncière, avec les intérêts de la classe propriétaire et agricole.

Que celle-ci échange directement ses denrées contre les ouvrages de l'industrie, ou qu'elle ne les échange que par l'intermédiaire de la monnaie, l'opération est toujours la même; et la monnaie semble favoriser le propriétaire en divisant son revenu, en lui donnant la facilité d'obtenir une plus grande variété d'objets, en répartissant plus heureusement les marchandises suivant tous les besoins et tous les goûts. Enfin, le propriétaire acquiert une valeur égale aux denrées dont il se dessaisit, et retrouve, comme capitaliste, les droits qu'il a perdus comme propriétaire.

Je le répète donc ici, ce n'est point la monnaie qui a changé le sort du propriétaire, c'est le défaut d'économie ; et si la monnaie a influé sur ce changement, c'est que les avantages même qui lui sont propres, ont facilité les dissipations particulières.

Cependant le propriétaire n'a pas eu seulement à souffrir de ses propres fautes, et le dissipateur, en se nuisant à lui même, a nui également aux intérêts de toute sa classe.

Si l'économie était générale parmi les propriétaires, le prix total des ouvrages de l'industrie ne pourrait qu'être égal au prix des produits agricoles excédant la consommation des propriétaires et des cultivateurs. Mais, au contraire, si les propriétaires dépensent plus que leur revenu annuel, le prix des ouvrages de l'industrie sera égal, non-seulement au produit agricole, mais encore à celui des prix des propriétés dissipées par ceux qui les possèdent. Ainsi les produits agricoles obtiendront d'autant moins de marchandises, qu'il y aura plus de propriétés mises en vente et dont la valeur foncière circulera et figurera dans la dépense. Mais observons de plus près le résultat et le changement produit par le propriétaire dissipateur sur la circulation de la richesse.

Les propriétés sont de tous les biens les moins susceptibles de s'échanger directement contre des objets de consommation; elles doivent donc être échangées d'abord contre de la monnaie, et comme elles ne peuvent être payées que par les capitaux destinés à procurer un revenu, la vente des propriétés diminue par cette première opération la somme consacrée à l'achat du travail, et augmente l'intérêt de l'argent. Le vendeur dissipe ensuite le produit de la vente, et par cette seconde opération il augmente la somme destinée à l'achat des ouvrages de l'industrie et conséquemment le prix de ces ouvrages. Les revenus agricoles, en restant matériellement les mêmes, perdent alors une partie de leur valeur par la hausse des ouvrages de l'industrie. Le cultivateur, dont la fortune modique suffisait exactement à ses besoins, se voit privé de ce qui lui est indispensable, et le propriétaire le plus économe souffre d'une dissipation qui lui est étrangère.

Cependant, si le propriétaire vend sa propriété, il devient capitaliste, et le capitaliste, propriétaire; le premier en se ruinant ne fait à la société qu'un tort égal à celui qu'aurait produit le second en dissipant ses capitaux. Mais si le propriétaire emprunte au lieu de vendre, s'il donne sa propriété pour hypothèque, s'il la met pour ainsi dire en gage, le désordre est bien plus grand encore.

Celui qui s'est dessaisi de ses capitaux dissipés ou dépensés par le propriétaire, n'est plus capitaliste, il est encore moins devenu propriétaire; il forme une nouvelle classe, et reçoit annuellement une partie du revenu de la propriété : voilà donc la rente de la terre qui se divise en deux parties ; l'une destinée à cette nouvelle classe de prêteurs, et l'autre qui reste encore à la classe des propriétaires. Il est impossible de fixer le rapport entr'elles; il dépend de la dissipation et des dettes du propriétaire.

Le propriétaire titulaire et onéraire, seul intéressé à l'amélioration de la propriété, n'a plus les moyens de lui donner toute la valeur dont elle est susceptible ; le créancier, qui souvent possède ces moyens, n'a aucun intérêt à en faire usage, parce qu'il a droit à une somme déterminée et non à une partie aliquote du revenu.

La partie de la rente foncière qui revient au prêteur, n'est point susceptible d'être grevée d'une partie de l'impôt. Ce créancier reçoit son revenu en proportion de l'intérêt de l'argent. Cet intérêt augmente d'autant plus que le gouvernement a plus de besoins; et le capitaliste, loin de participer à la charge des nouveaux impôts, en accroît au contraire ses profits : la partie du revenu qui reste encore au propriétaire, quelque modique qu'elle soit, est donc seule chargée d'un impôt établi en proportion de la rente totale et liquide.

On conçoit aisément combien cet ordre de choses est contraire aux progrès de l'agriculture et à l'accroissement de la population ; et cependant il résulte et du défaut d'économie et de la faculté d'emprunter, faculté aussi essentielle à l'état social que le droit de propriété même.

L'immutabilité des propriétés serait sans

doute le vœu d'un sage législateur ; mais leur mutabilité étant établie par la loi, tout dissipateur est conduit à l'expropriation, résultat auquel on chercherait inutilement à s'opposer : il n'est donc plus question que de déterminer si l'expropriation doit être prompte ou lente, peu coûteuse ou dispendieuse, volontaire ou forcée.

Quel est à cet égard l'intérêt de la société ? Quel est celui du propriétaire ?

L'intérêt de la société est que la propriété soit libre, dégagée de toute dette, et que le revenu de la propriété soit entièrement celui du propriétaire.

Il importe donc à la société que le dissipateur, qui s'est réduit à la nécessité d'emprunter, préfère vendre sa propriété, et que le capitaliste qui a trouvé dans son économie les moyens de prêter, devienne propriétaire.

La propriété est aussi de tous les biens celui dont le haut prix intéresse le plus la société. Mais ce qui attire les acheteurs, ce n'est point toujours l'utilité d'un objet, ce n'est point même seulement sa rareté, c'est encore la facilité de son échange.

Cette facilité est ce qui a donné tant de
valeur aux métaux, les moins utiles des
biens. C'est elle qui fait rechercher avec
avidité les billets de commerce, et leur a
obtenu tant d'avantages sur la propriété
même, quoique les premiers ne présentent
qu'une garantie morale et si souvent trom-
peuse.

L'intérêt de la société est donc que la
facilité de l'expropriation augmente la valeur des propriétés.

L'intérêt du propriétaire est aussi dans
la faculté de vendre promptement. Malgré
les délais de la vente, malgré les dangers
que peut courir son prêteur, le dissipateur
trouve toujours à emprunter sur le champ.
La seule différence est qu'il paye plus cher
l'intérêt de l'argent, et qu'il vend plus mal
sa propriété : ainsi il est dépossédé plus
tard et ruiné plus tôt.

L'intérêt du propriétaire est aussi dans
le haut prix de la propriété : tous les obstacles qu'il éprouve comme vendeur, il
les transmet à son acheteur ; et celui-ci
s'en dédommage sur le prix de la vente.

Ce n'est pas seulement le goût naturel

à l'homme pour les échanges, qui le porte à préférer les objets dont il est plus facile de se défaire; il est souvent déterminé par une raison bien plus puissante encore.

Les biens qui assurent au citoyen son indépendance, lui sont garantis par l'autorité publique contre les atteintes des particuliers : mais rien ne les garantirait contre les atteintes de l'autorité publique, si le commerce, en faisant circuler, en échangeant et transformant continuellement toutes les richesses, n'avait mis les citoyens à même de soustraire leurs biens à toutes les recherches et à toutes les perquisitions. Les gouvernemens, alors, réduits à la nécessité d'être sages, flattèrent les peuples, respectèrent leurs droits, et cherchèrent à obtenir des impôts. Si, quelquefois encore, le riche se vit enlever injustement sa liberté, il conserva au moins tout l'empire de la fortune; et dans sa prison même, achetant, et ses geôliers, et ses gardes, et jusqu'à son persécuteur, il opposa le pouvoir de la richesse au pouvoir de l'autorité.

Le propriétaire fut seul privé de cet

avantage, et sa fortune resta exposée à l'injustice et aux confiscations. Ainsi, toutes les fois que l'arbitraire, ou même le souvenir de l'arbitraire, alarme la liberté, les propriétés ne sont pas aussi recherchées qu'elles devraient l'être.

Les précautions que la sagesse a prises pour assurer les droits sacrés des femmes et des enfans, ont nui encore à la valeur des propriétés. L'homme, qui nécessairement doit aimer à commander, même après sa mort, a préféré les biens qui favorisaient des dispositions secrètes.

Cependant, cédant à des considérations de justice, le législateur a cru devoir veiller surtout à l'intérêt des créanciers et à l'exécution des engagemens contractés : il a fixé un délai pour les ventes; il les a publiées, et n'a voulu les reconnaître qu'après qu'une discussion publique et solennelle aurait prouvé que les propriétés étaient entièrement libres.

Les effets de ce système furent :

De détourner les capitalistes d'acheter des propriétés;

De diminuer la valeur de celles-ci, en

diminuant les capitaux qui se seraient présentés pour les acquérir;

De forcer les propriétaires à emprunter, et de leur faire toujours préférer les emprunts, comme un moyen plus sûr de cacher le désordre de leurs affaires;

D'augmenter l'intérêt de l'argent, de l'élever au-dessus de la rente de la terre, et de favoriser les capitalistes aux dépens des propriétaires;

De multiplier les procès et les gens de justice;

De laisser des propriétés sans propriétaire, et de les réduire à cet état d'abandon et de dégradation qui fait si facilement reconnaître les biens placés sous la sauvegarde tutélaire de la justice;

Enfin de blesser les intérêts de tous, en prétendant ménager les intérêts de chacun.

Ces résultats étaient-ils un mal nécessaire? préviennent-ils de plus grands inconvéniens? est-il impossible de concilier l'intérêt du créancier avec une plus facile circulation des propriétés? Nos lois à cet égard sont-elles les moins mauvaises qui nous conviennent?

C'est aux législateurs à traiter et décider ces questions, comme il appartient à la science de l'économie politique de fixer à la législation même le principe et le but dont elle doit chercher à se rapprocher. [13]

Mais les meilleures lois ne seraient qu'un palliatif : le seul remède est l'économie, et le gouvernement doit chercher à l'inspirer par tous les moyens d'influence qui sont en son pouvoir, par l'opinion, par son exemple si puissant sur l'opinion, par celui de ses fonctionnaires, et surtout par l'éducation. L'économie est le principe de la richesse des nations, de la liberté des citoyens, du bonheur des individus, de l'accroissement de la population : par elle, l'agriculture multiplie ses produits, l'industrie ses ouvrages, le commerce accumule, le travail devient indépendant : elle est la seconde providence du genre humain; c'est elle qui répand l'aisance dans les pays les plus stériles, tandis que la nature la plus féconde prodigue en vain ses dons pour satisfaire les nations dissipatrices.

QUATRIÈME ÉPOQUE.

Du commerce étranger.

JE n'ai jusques à présent considéré les corps politiques que dans leur économie intérieure : il me reste à les observer dans leurs rapports commerciaux ; car le vaste territoire occupé par chaque nation, ne suffit même pas aux nombreux besoins que l'homme s'est donnés.

Celui-ci eût-il pu borner sa consommation aux productions indigènes de sa patrie ? Son intérêt lui conseillait-il cette modération ? A - t - il plus perdu par le commerce, en augmentant ses besoins, qu'il n'a gagné en augmentant ses jouissances ? La solution de ces questions ne conduirait à aucun résultat utile. Le commerce est devenu nécessaire aux sociétés politiques ; elles ne peuvent plus y renoncer ; et tandis que les arbres, les plantes et tous les végétaux, ont un climat et un sol qui leur sont propres, l'homme, quelque pays qu'il habite, consomme ce que produisent tous les pays et tous les climats.

La nature elle-même, par la manière dont elle a réparti sur la terre les produits qu'elle destinait à l'espèce humaine, semble lui avoir fait une loi du commerce.

Les différens sols sont inégalement propres aux différentes cultures. Il est même des productions qui ne croissent ou ne sont d'une qualité supérieure que dans certaines contrées, et qui s'y trouvent trop abondamment pour n'être consommées que par leurs habitans. Il est aussi des pays qui donnent des produits utiles, et dont les récoltes ne pourraient nourrir un seul individu. Ainsi les vins et les eaux-de-vie de France sont par la nature destinés à la consommation de tous les peuples : ainsi le territoire de Gênes n'offrirait que des roches désertes, ses nombreux citoyens ne récolteraient point le fruit délicieux qu'y produit abondamment l'olivier, si le commerce ne venait leur procurer des alimens en échange de leurs excellentes huiles. Ainsi, en se livrant préférablement aux cultures que le sol favorise davantage, et en échangeant l'excédant respectif de leur consommation, les peuples donnent et reçoivent plus que chacun d'eux ne pourrait obtenir de son territoire, s'il le forçait de produire tout ce qui sert à ses besoins; ainsi le commerce augmente la récolte de l'univers.

Si l'homme est un animal perfectible, si la civilisation lui devint nécessaire à mesure qu'il se multiplia, combien sa civilisation, combien sa perfection doivent-elles déjà et devront-elles encore au commerce?

Les peuples, en se livrant aux mêmes arts, n'y font pas les mêmes progrès; mais les succès de l'un sont utiles à tous, et chaque nation travaille pour la consommation de toutes les nations. Le marché s'ouvre et s'agrandit; il augmente la division du travail, ce principe multiplicateur de tous les produits. Une découverte, une invention, dues au génie d'un individu, deviennent bientôt une découverte, une invention nationales. Bientôt elles appartiennent au monde entier. Ce qu'un

peuple a imaginé, un autre peuple le perfectionne. Une génération s'est éteinte;
celle qui lui succède s'empare de ses idées,
poursuit ses recherches, continue ses travaux; et le genre humain paraît un être
immortel, que ses membres, toujours re-
naissans, travaillent sans relâche à per-
fectioner.

Cependant, quelque grands que soient
les avantages du commerce considéré
d'une manière générale, ses résultats peuvent être particulièrement défavorables à
à un peuple, comme ils le sont quelquefois à un individu. Un peuple peut donner
plus qu'il ne reçoit, céder des objets nécessaires pour n'obtenir que des objets
superflus. Il peut affaiblir doublement sa
puissance : d'une manière absolue, en
diminuant sa propre population; d'une
manière relative, en augmentant celle de
ses rivaux.

D'après quels principes le commerce
accroît-il la richesse, la population, la
puissance des sociétés politiques, et le bonheur individuel de ceux qui la composent?

J'écarterai d'abord tout ce qui tend à

compliquer cette importante question, et avant de considérer le commerce dans ses rapports avec les métaux, monnaie commune à toutes les nations commerçantes; avant d'examiner si la richesse consiste dans les métaux, si leur conquête indique de quel côté sont les véritables avantages du commerce; si une nation qui augmente son capital en marchandises et diminue son capital en numéraire, s'est plus enrichie qu'elle ne s'est appauvrie : je raisonnerai comme si les nations n'échangeaient que des marchandises sans l'intermédiaire d'aucune monnaie, comme si la monnaie de chaque peuple n'était que pour lui un signe conventionnel de tous ses échanges particuliers.

Les nations ne peuvent commercer entr'elles qu'en proportion de ce qu'elles possèdent respectivement les objets convenables à chacune d'elles; car on ne donne que pour recevoir, et même chacun attache nécessairement plus de valeur à ce qu'il reçoit qu'à ce dont il se dessaisit.

C'est donc la double concurrence des

marchandises nationales et des marchandises étrangères, qui détermine leur valeur d'échange. Cette valeur résulte de leur quantité respective.

Ainsi, ce que l'on appelle la balance du commerce, sera nécessairement de niveau entre deux peuples trafiquant ensemble par échange, puisque le total des marchandises offertes par chacun s'échangera toujours entièrement contre le total des marchandises offertes par l'autre.

Ainsi la valeur réelle des marchandises nationales ne pourra s'accroître qu'en proportion de ce que la quantité des marchandises étrangères augmentera; augmentation qui ne peut provenir que du vendeur, et qui est entièrement indépendante de celui qui achète.

Cependant, comme tous les peuples sont les uns à l'égard des autres dans des rapports semblables, comme ils sont en même temps vendeurs et acheteurs, il importe de considérer leur intérêt sous ce double point de vue.

Il faut distinguer dans les vendeurs ceux qui ne craignent point et ceux qui craignent la concurrence des étrangers.

Le peuple à qui la nature accorda la possession exclusive d'une production, n'est point intéressé à en présenter dans le commerce une quantité supérieure aux besoins des autres nations. S'il en présente davantage, il donne aux acheteurs les moyens de se créer un fonds de réserve qui les rend moins dépendans à l'avenir. En augmentant ses objets d'échange, il en diminue proportionnellement la valeur, et n'obtient jamais en retour que la quantité de marchandises qui lui est destinée par l'état de richesse des nations avec lesquelles sont établis ses rapports de commerce.

Mais l'intérêt d'une nation est complexe. Une nation n'est point toujours maîtresse de régler et de diriger ses marchés. Pour pouvoir recueillir le bénéfice de son privilége, il lui faut contenir la concurrence des intérêts particuliers qui la divisent, et elle ne parvient à ce résultat que par le système du monopole et des compagnies exclusives.

Ce principe a été suivi, et des peuples les moins avancés en civilisation, et de ceux qui passent pour avoir mieux connu la science du commerce.

Ainsi, dans le pays que j'habite, les graines d'oignon, justement estimées, étant autrefois recherchées par les Hollandais, de simples jardiniers jugèrent bien que leur concurrence les priverait de leurs avantages naturels : ils chargeaient le sort de désigner celui qui devait fournir à la consommation étrangère, et abandonnaient à ce dernier un bénéfice qu'ils auraient fait disparaître en se le disputant.

Ainsi les maîtres de l'Inde ont créé une compagnie exclusive, qui détermine souverainement, et le salaire des misérables Indiens, et le prix de leurs productions; et qui, dans la vente qu'elle en fait ensuite aux nations européennes, se rend encore, par son monopole la maîtresse du prix du marché.

Ainsi l'on rapporte des Hollandais, que, possesseurs exclusifs de toutes les épiceries, ils fixent quelle doit être la consommation de l'univers, et qu'après avoir envoyé leurs vaisseaux la distribuer aux différentes nations, ils brûlent eux-mêmes ce qui leur reste de leur récolte.

Heureusement pour la civilisation et pour les progrès des arts, le monopole peut rarement s'autoriser du prétexte d'accroître la richesse nationale, et pour peu que la concurrence des étrangers soit à craindre, l'intérêt public commande un principe entièrement contraire.

Dès que la concurrence existe, une nation qui donnerait moins, recevrait moins, parce que les autres la suppléeraient. Le but est d'obtenir plus que ses rivaux; le seul moyen est de fournir plus qu'eux. Les peuples sont les uns à l'égard des autres dans des rapports semblables, et chacun profite de la concurrence de tous.

Cependant, comme ils ne s'excitent à fournir plus que dans l'espoir de recevoir eux-mêmes davantage, c'est surtout en qualité d'acheteurs que les peuples paraissent intéressés à ce que les vendeurs multiplient les objets qu'ils leur apportent.

Sans faire un pas dans la carrière de l'industrie, sans augmenter la quantité de ses marchandises, une nation en voit augmenter la valeur. Ses foires se remplissent

de produits étrangers, dont le prix diminue : ainsi le commerce associe les nations
moins industrieuses aux bénéfices de celles
qui les ont dévancées.

Par une conséquence nécessaire de ce
principe, que les peuples profitent réciproquement, comme acheteurs, de ce que
les vendeurs ont multiplié les objets de
leur vente, il semblerait que l'on dût préférer le commerce des nations qui offrent
plus de leurs richesses à l'échange des
autres. Les peuples dissipateurs, et les
peuples industrieux, présentent tous les
deux cet avantage. Si le profit est d'abord
plus considérable avec les premiers, il
n'est réel et de durée qu'avec les seconds.
Tous deux donnent plus : ceux-ci, parce
qu'ils ont réellement plus à donner, parce
qu'ils ont multiplié leurs produits agricoles et les résultats de leur main - d'œuvre ; ceux-là, parce qu'ils sont moins économes de ce qu'ils ont, plus avides de ce
que leur offrent les étrangers. Mais le
bénéfice que procurent les peuples dissipateurs, suit le décroissement de leurs

richesses; il diminue avec leurs revenus, il disparaît avec leur fortune. *

L'infériorité de l'industrie ne semble donc pas un motif de repousser les bienfaits du commerce. A ne consulter que l'avantage qui résulte de l'échange, il est en faveur de la nation moins industrieuse; car c'est elle dont les marchandises acquièrent un plus grand accroissement de valeur. Un peuple ne serait donc jamais intéressé à en appauvrir un autre; et il ne serait pour aucun de prospérité durable que celle qui serait fondée sur la prospérité de tous.

Telles sont les opinions libérales que les philosophes ne cessent de proclamer, tandis que les gouvernemens, sans daigner

---

* S'il s'établit des rapports de commerce entre deux peuples, dont l'un soit économe et l'autre dissipateur; le premier s'enrichit, et le second se ruine : on en tire la conséquence, que le commerce est avantageux au premier, et désavantageux au second. Cette conséquence n'est pas juste; le dissipateur ne se ruine point parce qu'il fait le commerce, mais parce qu'il dissipe. Le commerce même l'a mis souvent à même de consommer plus de marchandises qu'il n'aurait eu à consommer sans le commerce.

même expliquer les motifs de leur conduite, ont continué d'administrer d'après un principe contraire : comme s'il en devait être de l'entière liberté du commerce, de même que de l'entière liberté politique ; comme s'il était dans sa destinée de n'être aussi qu'un beau rêve de la philosophie.

Ce n'est pas cependant que les gouvernemens n'aient pu s'appuyer des motifs les plus spécieux, et la question est assez importante pour que nous recherchions et que nous examinions ceux qui ont dû les déterminer.

Il fut bien facile aux philosophes de démontrer que celui qui achète, trouve plus d'avantages à payer moins cher aux étrangers, qu'à payer plus cher aux nationaux : conséquemment, que la classe destinée à jouir, n'est point intéressée à voir mettre des entraves au commerce ; que la plus grande liberté du commerce assure à cette classe la plus grande somme de jouissances, et la plus grande quantité de marchandises en échange de ses revenus particuliers. Mais cette solution ne suffisait point aux gouvernemens. Ils devaient déterminer aussi quel est l'intérêt de la classe condamnée au travail ; il leur importait de considérer la question dans ses rapports avec la puissance nationale : il faut donc avant tout rappeler ici quels sont les principes de cette puissance.

La puissance d'une nation est en proportion de sa population *. Sa population serait en proportion de ses moyens de subsistance, s'il suffisait d'être citoyen pour avoir droit aux produits du territoire; mais comme nul n'est nourri qu'autant qu'il est occupé, la population est en proportion du nombre d'emplois qui existent dans la société : le nombre d'emplois est en raison du capital et en proportion de ce que ses

---

* La puissance d'une nation n'est pas seulement en proportion de sa population; elle est aussi en raison de sa constitution politique, c'est-à-dire, en raison de ce que cette constitution donne aux gouvernemens le moyen de disposer d'une partie plus ou moins grande de la population. Mais si les moyens politiques de deux gouvernemens sont les mêmes, la puissance de l'état n'est plus qu'en proportion du nombre des citoyens.

possesseurs le destinent à salarier le travail
et à produire un revenu ; et comme l'industrie accroît le revenu et permet d'en
mettre en réserve une plus grande partie,
elle contribue directement à l'accroissement ou au décroissement de la puissance.

Le commerce y contribue - t - il aussi indirectement, au moyen des rapports qu'il
établit entre l'industrie d'un peuple et la
consommation de l'autre ? ou en d'autres
termes, le commerce augmente-t-il ou diminue - t - il le fonds de réserve d'une nation ?
Tel est actuellement l'état de la question.

La balance du commerce, dans le sens
qu'on attache à ce mot, est nécessairement
égale entre deux nations dont l'une ne
cède point à l'autre une partie de sa monnaie ; il n'en faut cependant pas conclure
que le commerce soit également avantageux à chacune d'elles.

Un peuple qui, produisant un ouvrage
à moins de frais, peut le céder à un prix
plus bas que ses concurrens, leur enlève
presque toujours une partie de leurs fonds
de réserve.

Premièrement, le prix des marchandises

ne descend pas sur le champ, en raison des nouveaux progrès de l'industrie; et l'étranger, en donnant plus de produits, reçoit, en échange de son travail, une plus grande quantité de marchandises. Secondement, les négocians de la nation la moins industrieuse, dont les magasins sont remplis de marchandises déjà fabriquées, se voient enlever et leurs bénéfices et une partie de leurs capitaux en proportion de la baisse de leurs marchandises. Troisièmement, les fabricans et les maîtres-ouvriers de cette nation ne peuvent plus lutter avec des moyens inégaux. Ainsi toutes les marchandises déjà fabriquées se consomment sans se reproduire; toutes les matières premières, qui servaient à la confection de ces marchandises, sont enlevées par les étrangers; le capital de la société n'est plus le même; et tandis que le luxe acquiert quelquefois de nouvelles jouissances, la population et la puissance nationale diminuent nécessairement. Le commerce contribue donc à l'agrandissement ou à l'affaiblissement des peuples, en proportion de l'inégalité de leur industrie.

Les gouvernemens, qui se méprennent quelquefois sur la cause du mal, sont trop bien placés pour n'en pas sentir toujours les résultats : ils s'aperçurent bien de ce-lui-ci ; et pour y remédier ils crurent qu'ils suffirait de frapper les produits de l'industrie étrangère, d'un droit égal au bénéfice que lui assurait sa supériorité.

On semblait par ce moyen remonter à la cause du désordre : mais comme un nouveau procédé ou une nouvelle machine ne procurent jamais de grands bénéfices qu'au moment même de leur invention ; comme, avant d'apercevoir la supériorité de l'industrie étrangère pour la confection d'un ouvrage, il faut en avoir acheté les produits, le remède n'arrive jamais qu'après le mal ; et si cette mesure empêche le capital de sortir du pays, elle n'a point le pouvoir de l'y faire rentrer.

Non-seulement ce moyen ne peut ni prévenir les pertes ni les réparer, mais il en produit lui-même de très-grandes.

Pour expliquer cette proposition, il faut d'abord observer que, supérieure dans quelques professions, inférieure dans plusieurs autres, l'industrie d'une nation ne l'emporte jamais généralement sur l'industrie de ses rivales ; et ce n'est qu'après avoir balancé les avantages et les désavantages respectifs, que l'on peut établir de quel côté et jusqu'à quel point se trouve la supériorité.

Le commerce est avantageux à la nation la plus industrieuse. Il est donc avantageux à chacune dans toutes les professions où son industrie est supérieure. L'avantage n'est point ici relatif, il est absolu : tous les peuples concourent alors, pour l'intérêt commun, aux plus grands développemens de l'industrie, aux plus rapides progrès des lumières et de la civilisation, à la plus grande perfection du genre humain.

Tant que les avantages et les désavantages sont égaux, l'intérêt de tous est donc l'entière liberté du commerce, et la nation la moins industrieuse ne doit désirer d'y mettre des entraves qu'après avoir bien comparé ses moyens d'industrie avec ceux des étrangers, et qu'en proportion de l'infériorité des siens : mais c'est ici que le problème devient tout-à-fait insoluble.

Quand bien même une question si compliquée, et qui tient à tant de détails inappréciables, ne serait pas au-dessus de l'intelligence humaine, l'envie que les peuples se portent les uns aux autres, ne leur permettrait jamais de la décider. Que l'on considère ce qui se passe lors d'un traité de commerce entre deux nations. Chacune accuse son gouvernement d'avoir sacrifié ses intérêts. Les gouvernemens partagent aussi la jalouse passion des peuples. Ils s'exagèrent la supériorité de leurs voisins : ils voudraient leur enlever les moindres bénéfices, sans songer jamais, tant est grande l'imprévoyance de l'envie, qu'ils s'exposent aux plus justes représailles ; qu'en s'opposant au développement de l'industrie étrangère, ils forcent les étrangers de s'opposer au développement de leur propre industrie, et qu'en voulant arracher à leurs rivaux un avantage relatif, ils se privent eux-mêmes des avantages les plus réels.

Si la puissance des gouvernemens était assez grande pour qu'ils pussent s'assurer l'entière exécution de leur système ; s'ils n'étaient arrêtés dans l'extension de leur tarif par la crainte d'encourager davantage la cupide contrebande ; s'ils pouvaient enfin se faire les uns aux autres tout le mal que leur envie les porte à se souhaiter, les liens du commerce seraient entièrement rompus : aucun peuple ne consentirait à recevoir d'un autre ce qu'il pourrait fabriquer lui-même ; la civilisation et l'industrie seraient arrêtées ; l'espèce humaine, renfermée dans le cercle des connaissances qui lui ont été transmises, resterait semblable aux autres espèces animales ; elle resterait partout ce qu'elle est à la Chine, qui s'est par ses lois séparée du reste du monde, et où l'on raconte que, depuis cette séparation, l'industrie, les arts et les sciences, n'ont plus fait un seul pas.

Cependant, si, d'un côté, il est heureux qu'une nation ne puisse être entièrement isolée sous le rapport du commerce ; de l'autre, les plus funestes inconvéniens des lois de prohibition sont attachés à leur inexécution même. Que de vices introduits dans le système social ! la création d'un métier qui ne consiste qu'à violer la loi;

la formation d'une armée de commis op-
posée à une armée de fraudeurs ; leurs
combats continuels, où il ne périt que des
citoyens ; leur complicité non moins déplorable ; les tribunaux ne retentissant que
des procès entre le gouvernement et les
particuliers ; le fisc devenu un mot odieux ;
l'étranger environné, dès ses premiers pas
sur le territoire, par des formes inquisito-
riales ; l'intérêt particulier de tous les citoyens en contradiction avec l'intérêt de
la fortune publique ; l'opinion* en opposition avec la loi ; enfin, et ce qu'il y a de
plus affreux, la morale publique ne re-
poussant pas l'idée de voler les droits de
l'état. Transportez-vous dans toutes les
villes limitrophes des nations : les négocians les plus riches et les mieux famés
vous présenteront deux tarifs, celui de la
loi et celui de la contrebande ; ils vous pro-
poseront, sans rougir, de frauder les droits
du premier, et de payer préférablement le

---

* Les peuples, dit M. Necker, s'habituent à regarder comme l'adroit ennemi de leur repos cette
administration qu'ils eussent aimée comme leur sauvegarde.

misérable qui se chargera d'un délit qu'ils vous cautionneront. Chaque jour voit conclure de ces marchés, plus funestes encore aux mœurs des peuples qu'au trésor de l'état.

Si ce désordre accuse les peuples, il est souvent aussi la condamnation des gouvernemens *. Diogène donna un soufflet à un père, parce que son fils avait mérité d'être puni : les gouvernemens doivent être jugés par la conduite des gouvernés, comme les pères par la conduite de leurs enfans. Si les peuples méconnaissent la plus sainte des lois, c'est que les gouvernemens contrarient sans adresse la plus puissante de toutes, celle de l'intérêt personnel; c'est qu'ils se séparent trop, c'est

---

* Le jeune homme reçoit, depuis quinze jusqu'à vingt-cinq ans, les opinions qui déterminent sa conduite comme homme depuis vingt-cinq jusqu'à cinquante ans. Les mœurs du peuple dépendent donc moins du gouvernement actuel que de celui qui l'a précédé. Mais si un bon gouvernement ne peut remédier entièrement aux mœurs vicieuses et aux fausses opinions qu'il trouve établies, il doit se consoler, en pensant qu'il prépare le bonheur des générations à venir.

qu'ils affectent trop de se distinguer de la patrie ; c'est que la fortune des gouverne-mens ne passe point assez pour celle de l'état ; c'est qu'ils étendent la défense d'importer au -delà de ce que les citoyens jugent nécessaire à l'intérêt général ; c'est qu'ils négligent d'éclairer l'opinion.

La violation de la loi étant un des plus grands vices politiques, il est de principe qu'il ne faut jamais défendre ce que l'on est sûr de ne pouvoir empêcher; et comme la loi qui défend l'importation des marchandises étrangères, a pour but de sacrifier à l'intérêt d'une profession l'intérêt de tous les consommateurs; comme ce dernier intérêt est celui de presque tous les citoyens, la loi qui le blesse doit être repoussée par l'opinion, à moins que cette loi ne soit évidemment commandée par l'intérêt général.

Que l'état ait besoin d'encourager et de soutenir une profession nécessaire à sa sûreté, telle que le commerce de transport, qui peut seul fournir des matelots en cas de guerre; que, des produits de l'industrie nationale étant frappés d'un impôt, le droit de la douane ne soit autre chose que l'application de cet impôt aux marchandises étrangères ; que, les marchandises nationales étant prohibées ou imposées arbitrairement par les étrangers, la justice autorise de leur faire subir la peine du talion : dans ces trois circonstances il est utile d'imposer les marchandises étrangères. Celui qui transgresse la loi, devient un ennemi de l'état ; et si l'on mesure les délits et les peines par les torts que les premiers font à la société, le délit de la contrebande doit être regardé comme le plus punissable de tous. Le voleur, et l'assassin même, n'attaquent que le particulier : le contrebandier ébranle tout l'édifice social ; il vole l'état ; il tue l'industrie ; il nuit à l'existence de la patrie, à l'augmentation de sa puissance, à l'accroissement de sa population.

Cependant les peines qu'il convient d'infliger à un tel crime ne doivent point être cruelles ; elles ne doivent être que sévères et conformes à tout ce qu'exige la nécessité de détruire la contrebande.

Pour que ces lois qui punissent, ne révoltent point les esprits, il faut rendre odieux celui qu'elles frappent, et pour le rendre odieux, il est nécessaire que la loi qu'il a transgressée, soit sanctionnée par l'opinion. Si la loi qui défend est juste, la loi qui punit peut être extrêmement sévère; si au contraire la loi qui défend, n'est point évidemment juste, elle paraît une vexation; et la loi qui punit passe alors pour une tyrannie d'autant plus révoltante qu'elle prononce une plus forte peine.

Tout dépend donc de ce point, que la loi qui restreint les droits des citoyens, soit évidemment juste. Or, il ne paraîtra jamais juste aux consommateurs, que l'on défende l'achat des marchandises étrangères, uniquement parce qu'elles sont meilleures et à un prix plus bas que les marchandises nationales [14].

Ainsi ce système, qui consiste à gêner le commerce en proportion de l'infériorité de l'industrie nationale, est un système faux et inexécutable. Il conduit les peuples à des mesures ennemies. Au sein de la paix il entretient leur haine et leur jalousie; il les habitue à ne voir leur bien que dans le mal qu'ils se font réciproquement. Contraires aux progrès de l'industrie et de la civilisation, ces taxes ne le sont pas moins à l'économie publique et à l'ordre intérieur des sociétés; elles créent et entretiennent la guerre entre les citoyens; elles attaquent d'une manière générale l'intérêt personnel; elles éloignent les peuples des gouvernemens, et affaiblissent le saint respect de la loi, car tout ce qui rend l'autorité injuste et odieuse, l'énerve et l'affaiblit.

Cependant la marche de l'esprit humain est d'exagérer une mauvaise mesure plutôt que d'y renoncer; aussi l'intention de créer des taxes modérées, n'a-t-elle jamais produit que des taxes exorbitantes, et à ces taxes même succède ordinairement la défense absolue d'importer.

Tantôt cette défense s'est bornée à quelques marchandises, tantôt elle a embrassé toutes les branches du commerce avec une nation.

Je supposerai d'abord que ce système prohibitif puisse être généralement exécuté, et je rechercherai quels en seraient les résultats.

J'examinerai ensuite s'il est généralement exécuté, s'il est possible qu'il le soit; et je remarquerai quels sont alors les vices qui lui sont propres.

Tous les objets d'échange que les étrangers nous destinent en retour des marchandises nationales, doivent définitivement nous appartenir : restreindre ces objets, c'est renoncer volontairement à une partie de notre richesse.

Aussi n'est-ce point encore ici le plus grand avantage dans l'échange, que les gouvernemens ont eu en vue de se procurer; ils voulaient même sacrifier cet avantage à un intérêt public : leur but était de fournir aux citoyens plus de moyens d'occupation, et de forcer le consommateur à n'entretenir que l'industrie nationale.

Ont-ils atteint le but qu'ils se sont proposé?

Il ne faut pas croire que les moyens d'occuper utilement les hommes, manquent jamais dans la société : Il n'est pas de négociant qui ne puisse étendre son commerce; il n'est pas de fabricant qui ne puisse multiplier ses machines et employer plus de bras. Les uns et les autres sont ar-

rêtés par le défaut des capitaux. La cause
de l'inoccupation des ouvriers n'est jamais
que la dissipation du capital destiné à salarier le travail, car on ne peut dissiper et reproduire. Telle est la loi générale de la
nature.

Toutes les erreurs des gouvernemens
proviennent de ce qu'ils méconnaissent ce
principe. Ils croient toujours qu'il ne s'a-
git que d'imaginer de nouveaux emplois :
ils ne remarquent point qu'on ne peut les
multiplier qu'en augmentant le fonds de
réserve de la société, et que l'économie,
qui ne saurait accroître son capital qu'en
achetant le travail, n'a besoin de personne
pour lui donner la destination la plus utile
et la plus conforme à ses intérêts.

Ainsi la question se réduit à savoir si le
système prohibitif doit augmenter le capital destiné à salarier le travail.

Ce système élève le prix des marchandises ; la hausse des marchandises diminue
proportionnellement tous les revenus particuliers : mais la partie de ces revenus
consacrée à l'achat des marchandises devenues plus chères, est remise entièrement

à des fabricans nationaux, qui l'emploient
à salarier le travail. Sous ce premier point
de vue, ces mesures prohibitives paraissent donc utiles; et elles le seraient en
effet, si tous ceux dont les revenus diminuent par la hausse des marchandises,
diminuaient proportionnellement leurs besoins et leur consommation : mais cet esprit de sagesse qui restreint les dépenses
et les fait descendre au niveau des moyens,
cet effort d'économie, est tellement rare,
que l'on peut regarder comme moralement
impossible qu'il soit général dans une nation. La hausse des marchandises produira
cet effet, que tout le monde augmentera
sa dépense sans que personne augmente
sa consommation. Ceux qui accumulaient
une partie de leurs revenus, cesseront de
l'accumuler; ceux dont la dépense égalait
le revenu, consommeront le capital que
leur prévoyance avait mis en réserve; ceux
qui ne se sont pas ménagé cette ressource,
dissiperont et vendront leurs propriétés.

Le fonds d'économie de la nation n'est
autre chose que le total des économies
particulières, et celles-ci ne peuvent de-

venir moindres sans que celui-là ne diminue également.

Les nations ne peuvent se vendre les unes aux autres leurs propriétés et leurs immeubles ; mais elles peuvent se transporter, outre ce qui leur reste de leur revenu annuel, tout ce que les revenus des années antérieures ont permis d'accumuler ; et plus la circulation intérieure est embarrassée par la vente des propriétés qui ne peuvent être achetées que par les nationaux, plus le peuple est entraîné à se défaire de tout ce qui par sa nature est susceptible de s'exporter. Le prix et la valeur des marchandises étrangères s'élèvent alors en proportion de ce que plus de marchandises nationales s'offrent en échange aux étrangers.

Ainsi le système prohibitif hausse le prix des marchandises : cette hausse diminue les revenus particuliers : cette diminution augmente la dépense de chacun sans augmenter la consommation ; et la dissipation des revenus particuliers n'est que la dissipation du fonds de réserve de la société.

Le système prohibitif attaque donc le capital destiné à salarier le travail. S'il favorise une branche particulière de l'industrie, il diminue la sève qui doit vivifier les autres branches.

Par une suite de ces fausses mesures, la balance du commerce devient tellement défavorable, que les étrangers enlèvent aux besoins des hommes, et aux travaux de l'industrie, les produits qui leur sont nécessaires. Comme il est à désirer que ces produits ne sortent point du pays, il paraît conséquent d'en défendre la sortie; ainsi l'on ne trouve de meilleur moyen pour remédier à un système prohibitif d'importation, que celui d'un système prohibitif d'exportation.

Ce nouveau plan doit d'autant plus séduire que ses premiers résultats sont plus heureux. La quantité des marchandises augmente dans le marché intérieur : leur prix baisse et devient à la portée de tous les citoyens. Mais que cet avantage est peu réel et d'une courte durée !

Comme la défense d'exporter s'applique surtout aux objets dont l'exportation est plus considérable, la baisse forcée qui en résulte, doit produire un effet tel que l'agriculture et l'industrie seront momentanément privées, non-seulement de leurs avantages, mais encore d'une partie de leurs avances; que non-seulement elles seront découragées, mais qu'il leur sera même impossible de reproduire, jusqu'à ce que, le défaut de reproduction ayant diminué la quantité des marchandises dans la proportion de l'ancienne exportation, les prix se soient élevés aussi haut que les anciens prix *.

Ce système, qui n'est favorable qu'à la classe des consommateurs, et qui ne l'est que pendant quelque temps, est donc toujours nuisible à la classe productive d'abord en ce qu'il interrompt les travaux de l'industrie, ensuite en ce qu'il diminue le capital consacré à l'achat du travail car c'est à ce point qu'il faut ramener

---

* C'est un principe généralement reconnu, que la défense d'exporter réduit la reproduction, et restreint la quantité des marchandises existantes dans les magasins du commerce à la consommation annuelle de la société.

toutes les questions d'économie politique. Ce capital est le principe vivifiant de la société; il est la source bienfaisante dont il faut chercher surtout à grossir le cours: richesse, population, puissance, bonheur individuel, tout en dérive essentiellement.

Or la baisse forcée des prix enlève injustement (j'ose le dire) à l'agriculture et à l'industrie les bénéfices naturels sur lesquels elles devaient compter. Ces bénéfices sont le salaire de l'ouvrier : les diminuer, les sacrifier à l'intérêt des consommateurs, c'est diminuer le capital consacré à l'achat du travail, c'est détruire le principe de la richesse. 15

De quelque manière qu'on l'envisage, le système prohibitif serait donc contraire à l'intérêt de la société, en supposant même que ce système n'éprouvât aucun obstacle. Mais si les lois qui ont seulement pour objet de taxer les marchandises étrangères, ne peuvent être généralement exécutées, combien moins le seront celles qui en défendent entièrement l'importation? Regardées par l'intérêt particulier comme une injustice plus révoltante, elles portent une plus grande atteinte à la liberté, et le contrebandier devient d'autant moins odieux, que, n'étant plus admis à payer, il ne peut passer pour voler les droits de l'état.

Dans le système des taxes, les frais de la contrebande ne peuvent outrepasser les droits; dans le système prohibitif, ces frais peuvent s'élever aux plus fortes sommes. Si la défense d'importer ne comprend qu'une nation, les autres nations se chargeront de la marchandise prohibée, quels que soient les frais du transport, et la présenteront comme fabriquée par elles-mêmes. Si la défense d'importer devient générale, l'industrie nationale fera elle-même la contrebande, et présentera les produits de l'industrie étrangère comme produits de ses propres manufactures. Si la marchandise prohibée est d'un travail non encore imité, si elle porte un caractère distinctif, ou si le système inquisitorial la poursuit avec succès jusque dans les magasins du commerce; alors les marchandises prohibées acquerront une valeur que l'industrie la plus heureuse n'aurait pu

jamais leur donner. Le luxe les recherchera, la vanité s'en parera comme d'un
moyen de distinction, leur prix s'élèvera
proportionnellement à leur rareté; elles
atteindraient celui de l'inutile diamant,
si elles pouvaient devenir aussi rares.

Introduite facilement, quelquefois ra-
jeunie seulement sous une forme nouvelle,
d'autant plus chère qu'elle se vend fur-
tivement, une marchandise prohibée obtient plusieurs fois sa valeur; et dans la
balance de son commerce la nation reçoit
plusieurs fois moins ce que lui fournirait
un commerce libre. Bientôt le haut prix
encourage la contrebande; et malgré la
guerre que lui fait la douane, guerre où
les consommateurs payent si chèrement
les frais des deux armées, il pénètre assez
de marchandises pour faire descendre les
prix; la seule concurrence des contreban-
diers suffit pour laisser apercevoir l'énor-
mité des pertes que la nation a déjà
éprouvées.

Quelque sensible que soit alors le désavantage que les marchandises nationales
éprouvent dans leur échange avec les mar-

chandises étrangères, il est bien plus considérable encore qu'il ne le paraît; car non-seulement la valeur de celles ci reste supérieure à son taux naturel, mais celle des marchandises nationales continue de tomber au-dessous du sien; et en ajoutant la perte qui résulte de la hausse des premières, à la perte provenant de la baisse des secondes, on arriverait à ce résultat, que la nation fournit absolument la même quantité de marchandises aux étrangers, et reçoit en retour de ceux-ci une quantité de marchandises toujours d'autant moindre que le système prohibitif se perfectionne davantage.

Non-seulement la quantité des marchandises fournies à l'étranger ne diminue point, mais il est même probable qu'elle augmentera au moins pendant quelque temps.

La hausse des marchandises d'un usage général, en animant le luxe, établit une lutte de vanité dans toutes les classes du peuple; et rien n'entraîne plus rapidement à la dissipation que la vanité. Cette funeste dissipation s'étend par une

autre cause jusqu'à la classe des commerçans, dont l'économie est si intéressante
pour toute la société. Tandis qu'un commerce libre et sans entraves partagerait
également ses bénéfices entre les négocians
en proportion de leur négoce, les chan-
ces extraordinaires auxquelles le commerce est exposé, produisent alternative-
ment des pertes et des bénéfices considérables, détruisent beaucoup de fortunes,
et en élèvent de nouvelles; deux résultats
qui ne concourent pas moins l'un que
l'autre à faire des dissipateurs. Si, d'un
côté, l'accroissement du luxe nécessite
la vente des propriétés, de l'autre, les
pertes et les malheurs du commerce forcent aussi la vente des marchandises :
l'ordre de l'économie intérieure est inter-
verti, l'équilibre est rompu, la circulation
s'embarrasse, le prix des marchandises nationales diminue d'autant plus que ces
marchandises s'offrent plus abondamment à
l'étranger; et celui-ci enlève facilement tout
le fonds de réserve de la société, à l'aide
d'une monnaie qu'il repompera bientôt sur
une nation qui augmente ses dépenses en

même temps qu'elle diminue ses moyens et ses ressources.

Dans cet état de choses, le commerce étranger se fait bien plus avec le capital de la société, et bien moins avec son revenu ; et tandis que l'étranger enlève à la nation et lui détruit une partie de son fonds de réserve, l'industrie est moins excitée, produit·moins, et fournit moins à l'exportation.

Il était impossible de ne point apercevoir ce résultat ; mais, semblables à ces empiriques qui, après avoir augmenté la maladie par leurs remèdes, ne prescrivent encore que leurs remèdes contre l'accroissement de vos maux, les gouvernans, pour ranimer l'industrie, voulurent forcer les nations étrangères d'acheter ce qu'il convenait de leur vendre, comme ils avaient défendu de leur vendre ce qu'ils ne jugeaient point à propos qu'elles achetassent ; et l'on imagina le système des gratifications.

Je n'appellerai point gratification tout ce qui n'est qu'une restitution ou une indemnité des impôts indirects établis

sur la consommation intérieure, impôts
qui ne peuvent s'étendre à la consommation étrangère, sur laquelle aucune nation n'a de droits, et ne peut s'en attri-
buer qu'en se nuisant à elle-même. Je
ne parlerai point des motifs particuliers
qui portent quelquefois à établir des gratifications, soit que l'on ait en vue de
déraciner de vieux préjugés et d'habituer
un peuple malgré lui à l'industrie et au
négoce, circonstance dans laquelle s'est
trouvé Colbert, et qui seule justifie ce
grand ministre, soit que les gouvernemens veuillent encourager une profession
ou une culture utile à la défense de
l'état, soit enfin qu'ils se proposent de
soutenir momentanément un commerce
nécessaire à l'existence des citoyens.

Je ne considérerai les gratifications qu'autant qu'elles ont pour but de favoriser
ou de continuer d'entretenir une branche
de l'industrie nationale, qui sans un en-
couragement ne pourrait plus soutenir la
concurrence étrangère.

Je ne rechercherai point davantage s'il
est probable, s'il est possible même, que

ce système ne donne pas lieu aux plus grands abus ; si les intrigues, la vénalité, les erreurs, les injustices, n'en sont pas la suite nécessaire : j'admettrai, un moment, que ces gratifications soient toujours distribuées avec sagesse, avec connaissance, avec discernement, et surtout avec impartialité.

Le besoin d'une gratification suppose que la valeur de la marchandise fournie par l'industrie nationale, est inférieure à celle de la marchandise fournie par l'étranger, et conséquemment qu'il faut indemniser l'industrie nationale de toute sa perte et des bénéfices sur lesquels elle a besoin de compter pour se soutenir.

La première objection contre un pareil système, est que, s'il était généralement suivi, tous les gouvernemens se ruineraient fort inutilement pour quelques particuliers ; mais comme il est possible aussi qu'un peuple soit le seul à le suivre, il faut rechercher quel en serait alors le résultat.

On appuie le système que j'examine, de ce raisonnement : " *La marchandise*

„ *fournie aux étrangers est un excédant*
„ *de la consommation intérieure , qui*
„ *n'aurait aucune valeur et ne serait*
„ *point produit, si on ne lui trouvait un*
„ *débouché ; il faut donc regarder comme*
„ *nul tout ce qu'on donne à l'étranger ,*
„ *comme bénéfice tout ce que l'on en*
„ *reçoit : mais ce surcroît de bénéfice*
„ *n'est que pour le grand corps du peu-*
„ *ple ; il offre une perte à ceux qui le*
„ *procurent ; il est juste et utile de les*
„ *indemniser.* „

Pour que ce raisonnement ne puisse
être détruit, il faudrait prouver encore,
que le travail qui a donné ce produit
jugé inutile, serait lui-même resté sans
valeur, ou que tout autre de ses produits
n'eût jamais pu surpasser celui qui a été
donné en retour par les étrangers.

Or, sans la gratification , quelle serait
la destination du travail mis en œuvre par
la gratification ?

L'emploi de tous les membres de la
société est le premier but de l'économie
politique : l'accroissement de la richesse
n'est lui-même qu'un but secondaire. Il

s'agit donc de multiplier les emplois; mais pour produire ce résultat, il ne suffit pas d'imaginer et de proposer des emplois utiles à la société, il faut aussi un fonds suffisant pour la nourriture et pour l'entretien de ceux dont on emploie le travail.

La gratification, qui supplée à l'insuffisance de ce fonds, est fournie par des impôts, au préjudice des revenus particuliers, et diminue, dans une proportion égale, les économies individuelles.

Ces économies sont nécessairement destinées à salarier le travail. Diminuer leur trésor, c'est diminuer le nombre des emplois; et si l'on suppose que, la marchandise étant fournie à l'étranger exactement au pair, la gratification ne serve qu'à procurer au fabricant un bénéfice sans lequel il ne pourrait continuer de fabriquer, le nombre des ouvriers qui cesseront d'être employés par l'intérêt particulier, sera précisément égal au nombre de ceux qui deviendront salariés par la gratification, et la question ne consistera plus qu'à déterminer lequel, ou du gouvernement, ou de l'intérêt particulier, est le plus propre à prescrire au travail une destination avantageuse à la société.

Mais si la marchandise fournie à l'étranger ne reçoit pas même en retour le remboursement des frais qu'elle a nécessités ; si la gratification comprend, non-seulement le bénéfice du fabricant, mais encore l'indemnité de ses pertes, les profits de la gratification se trouveront partagés entre les fabricans et les étrangers. Le travail salarié par l'intérêt particulier deviendra moindre en raison composée du travail mis en œuvre par la gratification, et de la perte que les ouvrages de ce dernier auront éprouvée.

Quelque stériles qu'eussent été les travaux commandés par l'intérêt particulier, quelque supérieurs que puissent être les ouvrages des professions encouragées par les gratifications, il résultera toujours de ce système, que si, d'un côté, il augmente le nombre des emplois, de l'autre, il le diminue bien davantage ; vice politique d'autant plus dangereux qu'il s'aperçoit plus difficilement, parce que la diminution, s'étendant à toutes les bran-

ches de l'industrie, est bien moins sensible que l'augmentation qui en vivifie
une seule.

Quelque clarté que la philosophie ré-
pande sur ces questions, de quelque con-
viction que soient pénétrés les gouvernans
eux-mêmes, il est difficile que ces derniers
s'occupent du commerce sans être conduits
à de fausses mesures, parce que les négocians, dont il paraîtrait imprudent de ne
point consulter l'opinion, les y entraîneront
presque toujours. Eh, qui oserait avancer
que les négocians, qui se croient et doivent
se croire les plus instruits des vrais principes
du commerce national, sont par leur état
même les moins à portée d'en bien juger?

Les commerçans et les fabricans ne
voient et ne peuvent voir que l'avantage
particulier de leur genre de commerce
ou d'industrie. Les moyens de donner la
plus grande valeur aux marchandises
qu'ils fournissent à la société, sont, 1.º
d'en étendre la vente extérieure; 2.º de
les rendre plus rares dans le marché intérieur, en défendant ou décourageant
l'importation. Le premier moyen est con-

forme à l'intérêt national, le second y est contraire. Les conseils des négocians égarent d'autant plus sûrement les gouvernemens, que ces négocians sont les premiers trompés par leur propre jugement et par ce prestige commun à tous les hommes, qui les porte à ne voir le bien public que dans ce qui fait leur bien particulier. C'est de bonne foi que les commerçans voudraient armer toute la puissance nationale en faveur de leur monopole ; c'est sincèrement qu'ils croient les gouvernemens intéressés à faire des sacrifices pour leur assurer des profits.

_ La science du commerce est pour les commerçans la connaissance de ce qui peut les enrichir ; pour l'homme d'état, elle est la connaissance de ce qui peut enrichir l'état. L'intérêt particulier est le principe de la conduite et des opinions du commerçant ; l'intérêt national doit être le principe des opinions de l'homme d'état : si celui-ci fait dépendre ses décisions des opinions du premier, il s'abandonne à un intérêt qui diffère du sien, qui peut lui être et qui lui est souvent opposé. Mais il paraît si raisonnable, il est si conforme aux idées générales, de consulter les commerçans sur le commerce; leurs suggestions sont si pressantes, leurs avis ont tant de poids, que le *laissez faire* et le *laissez aller*, dont le conseil est si facile à donner, est devenu pour les gouvernemens la maxime la plus difficile à observer.

Cependant, lorsque l'industrie d'une nation ne fournit plus à l'exportation, tandis que cette nation reçoit tout de l'industrie étrangère; lorsqu'elle se voit enlever ses productions les plus nécessaires; lorsque, payant le travail étranger avec une partie de sa récolte, elle diminue doublement sa puissance, et en affaiblissant sa population, et en augmentant celle de ses rivaux, par quels moyens peut-elle encore compenser et diminuer les maux que semble lui faire le commerce? je n'en connais qu'un à employer.

Si les pays les plus industrieux sont aussi les plus riches, les plus puissans et les plus peuplés, ce n'est point au commerce, c'est à l'industrie qu'ils sont redevables de cette supériorité; leur puissance n'est pas hors d'eux, elle est dans eux-mêmes. Qu'est-ce en effet que le commerce, sinon l'échange et le transport de l'excédant du revenu national? et le moyen d'augmenter l'échange n'est-il point d'augmenter ce que l'on aura à échanger? Ce n'est donc qu'en multipliant leurs produits que les nations les moins riches peuvent s'élever au niveau de leurs opulentes rivales; c'est en les imitant qu'elles peuvent obtenir leurs succès : c'est avec la même cause qu'elles peuvent produire les mêmes effets.

L'accroissement du commerce n'est donc qu'une conséquence de l'agmentation des produits : semblable à l'agriculture et à l'industrie, le commerce n'augmente la richesse, la population et la puissance des sociétés politiques, qu'en raison de l'accroissement du capital et de l'emploi utile que lui donne l'économie.

Pour simplifier les questions que j'avais à traiter, j'ai supposé d'abord que les marchandises fabriquées par les différentes nations, s'échangeaient directement et s'achetaient les unes avec les autres; mais comme ces sortes d'échanges n'ont guères lieu que vis-à-vis des peuplades sauvages ; comme chez les nations policées la multiplicité des besoins et des différentes espèces de marchandises nécessite une mesure universelle et un objet d'échange général, il me reste à examiner le commerce étranger dans ses rapports avec la monnaie qui lui sert d'intermédiaire.

Jusqu'à l'adoption d'une monnaie, la balance du commerce est nécessairement égale, si l'on ne considère dans les marchandises que leur valeur d'échange, puisque toutes celles qui sont à vendre s'achètent réciproquement. Il est vrai que cette balance n'est plus égale dès que l'on considère aussi la valeur d'utilité des marchandises, 1.º en raison de la différente utilité des marchandises ; 2.º en raison de ce que l'inégale économie des peuples les porte à ménager une partie plus ou moins grande de leur revenu annuel, ou à dissiper une partie de leur fonds de réserve ; mais il n'avait jamais été possible d'apprécier cette inégalité de la balance.

Ce que l'on avait jusques-là jugé impraticable, parut facile dès que l'on eut établi une monnaie. La balance du commerce ne sembla plus nécessairement égale, quand même on n'eût consideré que la valeur d'échange des marchandises, puisqu'une nation paraissait pouvoir fournir à une autre, en excédant de sa richesse réelle, une partie de sa monnaie; et que cette monnaie, remise à l'étranger, devenait entre ses mains une espèce de délégation sur le revenu à venir du peuple qui s'en était laissé dessaisir.

Qu'est-ce donc que la monnaie? quelle est la nature de cette nouvelle richesse? La marchandise appartiendra-t elle à celui qui la possède, ou à celui qui a dans la monnaie les moyens de l'acquérir? La valeur des marchandises est-elle double parce qu'il existe un équivalent de leur valeur, ou cette double valeur n'est-elle qu'une illusion? 16

La monnaie est un besoin pour les peuples civilisés : ses avantages sont de faire circuler la richesse, de la répartir entre les consommateurs en facilitant leurs échanges.

Considérée seule et en elle-même, la

monnaie n'est pas une richesse * ; mais elle est nécessaire à la richesse. Sans les marchandises, la monnaie n'aurait point de valeur ; sans la monnaie, les marchandises en auraient moins : intrinsèquement inutile, elle ajoute aux avantages de tous les produits.

Les dépenses que la monnaie coûte, sont les frais nécessaires pour extraire les métaux de la mine et pour les transporter des pays éloignés où la nature les avait placés. Ces frais sont bien compensés sans doute par l'importance des services que rend la monnaie. Mais si l'on obtient les mêmes services en diminuant les frais, l'épargne de ceux-ci est un bénéfice pour la société.

Les fonctions de la monnaie sont d'être un intermédiaire entre tous les échanges. Les marchandises ne peuvent plus acheter que de la monnaie ; celle-ci ne sert qu'à

---

* Je ne prétends pas dire ici que la monnaie ne doive pas contenir une valeur réelle : mais tant que cette valeur est une monnaie, elle est inutile comme marchandise ; et dès qu'on l'emploie comme marchandise, la monnaie disparaît.

se procurer des marchandises. Elle indique un échange commencé et non consommé : elle indique que la marchandise qui voulait s'échanger, a été vendue ; que celle contre laquelle elle doit s'échanger, n'est point encore achetée : elle représente, dans les mains de celui qui la possède, le travail ou la marchandise qui a dû être cédée pour l'obtenir : elle assure à son possesseur un droit à une valeur proportionnelle parmi les marchandises qui veulent aussi s'échanger et qui s'offrent à la vente. Dès que la monnaie s'est à son tour convertie en une marchandise, sa fonction est entièrement finie ; l'échange est consommé, les produits des différens travaux se sont achetés réciproquement, dans la même proportion qu'ils auraient suivie d'eux-mêmes s'ils avaient pu s'échanger directement et sans intermédiaire.

Le droit et la valeur d'échange de la monnaie sont donc le droit et la valeur d'échange de la marchandise qui a été cédée pour elle *. Sa valeur réelle est

---

* Le possesseur d'une marchandise veut, ou la consommer, ou l'échanger : dans le premier cas, la

celle de la marchandise qu'elle achète. La monnaie, en substituant seulement un échange médiat à un échange immédiat, ne change donc rien à la nature du commerce. Il n'y a toujours de bénéfice qu'autant que la chose acquise vaut mieux que la chose cédée; qu'autant que la marchandise achetée avec la monnaie, vaut mieux que la marchandise qui avait été donnée pour acquérir cette même monnaie; qu'autant que l'on reçoit en vendant le moyen d'acheter plus que l'on ne vend.

C'est ainsi que raisonne le commerçant lui-même, quoiqu'il emploie un autre mode de calcul, et que, comparant seulement la somme donnée pour l'achat de la marchandise, à la somme reçue pour

marchandise est pour lui une valeur réelle; dans le second, elle n'est qu'une valeur d'échange. Mais comme cet échange ne se fait qu'au moyen de la monnaie, chaque marchandise transmet d'abord à la monnaie qui l'achète, sa valeur d'échange; et cette monnaie, qui n'a qu'une valeur d'échange, achète ensuite la marchandise, qui présente à son tour une valeur réelle. Ainsi la monnaie et la marchandise représentent, l'une, la valeur d'échange, l'autre, la valeur réelle de la même richesse.

la vente, il n'établisse ses bénéfices qu'en raison de la supériorité de la seconde. Il est forcé de compter ainsi, parce que l'argent, se donnant et revenant sans cesse sous la même forme, peut seul rendre sensibles et calculables les gains du commerce: mais l'avantage que se propose le commerçant est toujours une augmentation de marchandises; et ce principe est tellement vrai, qu'après avoir gagné sur le prix numéraire de la vente, comparé à celui de l'achat, si le négociant trouve le prix de fabrique assez élevé pour qu'avec le prix de sa vente il ne puisse plus remplacer les marchandises qu'il a vendues, il croira perdre, et il aura en effet perdu sur son échange.

Et de quelle utilité est donc intrinsèquement la monnaie? sa valeur peut-elle être autre que la valeur de ce qu'elle procure? Balancez un instant les opérations du commerçant qui monte le plus rapidement à la fortune. La somme qu'il reçoit de ses acheteurs égale annuellement la somme remise aux fabricans, plus celles données à l'agriculture et aux diverses branches de l'industrie pour ses dépenses particulières. Les progrès de son commerce présentent toujours plus de marchandises dans ses magasins, et jamais plus de métaux dans sa caisse.

Après avoir considéré celui qui élève, examinez celui qui détruit. Le prodigue voit disparaître successivement ses contrats, ses propriétés et ses meubles. Il se sert de ces biens pour rappeler le numéraire à mesure qu'il le dissipe. Chaque année il devient moins riche en contrats et en propriétés, tandis que la somme entrée dans ses coffres balance toujours également celle qui en est sortie.

Cependant, quoique la monnaie doive être considérée comme un instrument de commerce; quoique le commerce ne présente jamais qu'un échange de marchandises, et que les avantages de cet échange, soit qu'il se fasse directement, soit qu'il n'ait lieu que par l'intermédiaire de la monnaie, dépendent toujours des mêmes causes et des mêmes principes: cette monnaie qui, circulant de main en main, va successivement représenter toutes les marchandises , reste toujours pour la société sous une même forme ; le travail ou les marchandises qui l'ont originairement acquise, ne sont encore représentés que par elle. D'un autre côté, elle peut sortir du pays, y faire rentrer des produits étrangers, et n'y point rentrer elle-même. Un peuple peut donc posséder plus ou moins de monnaie, comme il peut posséder plus ou moins de toute autre marchandise.

La diminution de la monnaie indique-t-elle le décroissement de la richesse ?

Avant d'arriver à cette question, il en est une première à résoudre.

Les peuples peuvent-ils connaître leur situation monétaire ? les gouvernemens ont-ils les moyens de balancer et comparer l'importation et l'exportation des métaux ?

Prétendre qu'aucune monnaie, qu'aucun lingot, ne puisse entrer dans le pays ou en sortir sans que le gouvernement en soit instruit, c'est prétendre au - delà de son pouvoir : aussi, reconnaissant l'insuffisance de ces mesures , les hommes d'état ont cru y pouvoir suppléer par des tableaux de toutes les marchandises importées et exportées. Si la valeur comparée de ces marchandises ne se balançait point exactement, on en devait conclure que la nation qui avait fourni des marchandises pour une valeur moindre, aurait un débet de compte à solder, et qu'elle ne pourrait le faire qu'avec une partie de sa monnaie.

Les Anglais, surtout, ont attaché la plus grande importance à ces tableaux comparatifs; et comment ne pas imiter celui qui réussit? comment croire que le peuple le plus riche par son commerce et son industrie, ne possède pas le mieux tous les élémens de la science qui l'a enrichi?

Ce qui peut balancer une autorité aussi imposante, c'est celle de tous les bons esprits qui ont médité sur l'économie politique; tous se sont réunis pour traiter de ridicule cette arithmétique de la balance du commerce.

Et, en effet, en supposant que la vérité puisse se trouver dans ses calculs, auxquels s'arrêterait-on? ils se contredisent tous. Les rapports et les tableaux présentés sur le commerce entre deux nations par leurs deux gouvernemens, devraient se contrôler. Il n'est pas un seul article sur lequel ils soient d'accord, et l'on aperçoit sans peine qu'il n'en saurait être autrement.

Si l'on ne peut connaître quelle est la quantité des métaux importés et exportés, connaîtra-t-on plus facilement celle des autres marchandises? au tableau des unes, comme au tableau de l'autre, ne faut-il pas également ajouter l'état de ce qui est importé et exporté par la contrebande, état que l'orgueil des gouvernemens ne leur permettra jamais de s'avouer?

Ces tableaux comparatifs des marchandises importées et exportées, sont encore sujets à une erreur qui leur est particulière ; c'est celle résultante de leur évaluation. Qui possède et les connaissances et l'impartialité qu'elle exigerait? Quel prix adoptera-t-on? le prix de fabrique ou le prix de la vente ? celui-ci ne varie-t-il pas suivant les temps et les lieux ? S'en rapportera-t-on à la déclaration des commerçans? En supposant que les quantités fussent exactes, la plus petite différence dans les estimations partielles en produirait une considérable sur le résultat général. Elle serait d'autant plus grande que, suivant les passions, les préjugés ou l'intérêt de celui qui aurait estimé, il aurait surapprécié ou déprécié généralement, soit les marchandises nationales, soit les marchandises étrangères, de manière que les erreurs particulières, au lieu de se compenser les unes par les autres, se seraient cumulées, et éloigneraient toujours davantage de la vérité.

Des politiques ont cru s'en rapprocher en prenant pour base la hausse ou la baisse du change avec les différentes nations. Ils ont prétendu avec raison que, la nation chargée d'un débet de compte ne pouvant le solder qu'avec sa monnaie, elle devait en payer les frais de transport, et que la perte du change n'était que l'indemnité de ces frais. Ils en ont conclu que, sans prétendre à un résultat aussi précis que les tableaux comparatifs des importations et des exportations, le change indiquerait plus sûrement au préjudice et en faveur de qui penchait la balance.

Examinons encore cette nouvelle théorie.

Les métaux, qui forment la substance des monnaies particulières à chaque peuple, sont la monnaie commune à tous : leur poids et leur pureté leur donnent une valeur constante.

Les monnaies particulières à chaque peuple ont au contraire un coin et une empreinte qui dispensent de les peser et de les essayer.

Il résulte de cette différence, 1.° que la valeur de la monnaie nationale dépend de la déclaration des gouvernemens, tandis que la valeur des métaux, monnaie commune à tous, est indépendante de de l'autorité; 2.° que la valeur nominale et la valeur réelle de la première sont deux valeurs distinctes, et qui peuvent différer l'une de l'autre, tandis que la valeur nominale et la valeur réelle de la seconde ne diffèrent jamais.

Cependant, soit qu'ils aient voulu diminuer la masse de leurs dettes, soit qu'ils aient espéré tirer un plus grand parti des métaux qu'ils possédaient, les gouvernemens altérèrent successivement leur mon-

naie, et comme ils faisaient pendre leurs
sujets pour la même infidélité, il fut défendu de porter la lumière sur une opération qui d'ailleurs ne pouvait donner
un avantage momentané qu'autant qu'elle
serait tenue secrette. Alors la valeur du
métal resta la même, et la valeur nominale des monnaies n'eut plus les mêmes
rapports avec lui; de sorte que, les métaux
continuant de se céder d'une place sur
une autre, poids pour poids, titre pour
titre, le change parut baisser de toute la
différence qui existait entre la valeur nominale et la valeur réelle des monnaies
altérées.

Quand bien même cette difficulté n'ex-
isterait pas; quand, malgré les trompeu-
ses opérations des gouvernemens et l'obs-
curité dont ils cherchent à les entourer,
il serait possible de ne considérer dans la
balance des monnaies que le poids et le
titre des métaux; la hausse et la baisse
du change ne résoudrait pas encore la
question proposée.

. Les métaux obéissent à un même mouvement, qui les reverse toujours d'une na-

tion sur une autre. Extraits de l'Amérique, ils vont continuellement se perdre et s'enfouir dans le commerce de l'Inde. Le change doit donc, en raison du transport des métaux, être élevé avec les peuples qui possèdent les riches mines du Mexique et du Pérou; de même qu'il doit être bas avec les peuples qui font exclusivement le commerce de l'Inde; et comme en indiquant d'une manière précise la perte que l'on éprouve sur chaque opération, le change ne fait point connaître le nombre et la valeur de ces opérations, une nation ne peut jamais savoir si elle a plus diminué qu'augmenté son capital en monnaie, si elle a plus reversé de métaux qu'il ne lui en est arrivé de leur source.

On ne parviendrait point à un résultat plus satisfaisant, en examinant si le change favorable n'est pas plus élevé que le change défavorable n'est bas. La perte du change n'étant que l'indemnité des frais de transport, il est possible que ces frais soient plus considérables avec la nation de qui on reçoit le numéraire, moins considérables à l'égard de celle à qui on le fournit. Cette différence peut être d'autant plus grande, qu'à ces frais il faut ajouter les risques du transport, et les frais nouveaux que nécessite quelquefois la défense faite par un gouvernement d'exporter sa monnaie ou ses métaux. La perte ou le bénéfice du change ne sont donc proportionnels qu'à la dépense plus ou moins forte du transport des métaux, et n'ont aucun rapport avec la quantité qui a pu en être importée ou exportée.

S'il est impossible de constater et de connaître la diminution de la monnaie, nous allons voir que cette diminution, fût-elle constante, ne prouverait nullement le décroissement de la richesse.

La monnaie n'est pas une richesse; elle est même une dépense pour la société. Il est vrai que cette dépense est nécessaire à la circulation de la richesse; mais si l'on obtient la même circulation avec une quantité moindre de monnaie-métal, la disparution des métaux et leur conversion en marchandises, non-seulement ne diminuent point, mais au contraire augmentent, la richesse nationale.

Il faut donc considérer si un peuple ne possède plus, ou s'il possède encore, les moyens de rappeler son numéraire ; si un peuple n'a plus ni marchandises ni crédit ; l'impossibilité où il est de faire rentrer son numéraire, est l'indice de son entière ruine.

Un peuple au contraire qui, riche encore par ses marchandises ou son crédit, renonce à racheter sa monnaie, quand il en a la faculté, prouve seulement qu'il a moins besoin de métaux, et la diminution de ceux-ci est alors un signe de l'accroissement de la richesse.

Ainsi, soit que la liberté publique, la confiance dans le gouvernement et dans les affaires, portent les particuliers à verser dans la circulation tous les petits trésors que les familles tenaient en réserve pour les temps difficiles ou les besoins imprévus ; soit que les billets de banque, chassant les métaux de la circulation intérieure, les forcent de s'employer au commerce étranger, le besoin de la monnaie-métal diminue. Les métaux, devenus inutiles, servent à l'achat de marchandises utiles. La société ne perd rien à ce qu'elle donne, et gagne tout à ce qu'elle reçoit.

Les Anglais surtout ont heureusement employé cette féconde ressource de la monnaie de banque. Des villages même ont eu leurs billets particuliers; partout le papier a remplacé les métaux : ceux-ci, convertis en riches marchandises, ont fait de Londres le magasin de l'univers; et cependant il est à remarquer que le peuple qui conserve le moins de métaux et qui cherche à s'en débarrasser le plus promptement possible, est ce même peuple anglais dont l'orgueil se plaît tant à entendre calculer les millions que lui apporte la balance du commerce.

C'est donc bien infructueusement que les gouvernemens ont imaginé tant de lois, pris tant de précautions, ordonné tant de vexations, fait tant de sacrifices pour favoriser l'importation du numéraire, et décourager ou défendre son exportation.

Plus de monnaie ne produit jamais plus de circulation; les marchandises sont toujours entr'elles dans les mêmes rapports : il faut seulement plus de monnaie pour les échanger, ce qui en soi est déjà un désavantage plutôt qu'un avantage.

Non-seulement une nation se crée fort inutilement un plus grand besoin de métaux; non-seulement elle diminue sa richesse de tout le travail qui a dû être originairement cédé, ou de toutes les marchandises étrangères qu'elle obtiendrait pour la quantité de métaux dont elle pourrait se passer; mais cette surabondance de la monnaie dans le marché intérieur, comparée à la quantité qui en circule dans les pays avec lesquels sont établis les rapports du commerce, attaque encore et détruit l'industrie nationale.

La quantité de la monnaie ne peut augmenter sans que le prix des marchandises ne s'élève proportionnellement; et celui-ci ne peut s'élever sans que l'industrie étrangère n'obtienne la préférence sur l'industrie nationale, et ne la remplace pour tous les objets de consommation qu'elle fournissait concurremment avec elle. L'étranger obtient alors facilement, et l'or qui s'échappe par la contrebande, et tout le fonds de réserve de la société.

Le commerce présente ainsi deux résultats qui ne tendent pas moins l'un que l'autre à la ruine entière de la nation.

Si ces raisonnemens avaient besoin de faits confirmatifs, l'exemple des Anglais, des Espagnols et des Portugais, est prêt à les appuyer.

Le système économique des Anglais a pour but de diminuer le besoin des métaux, et de les chasser de la circulation intérieure.

Les Espagnols et les Portugais au contraire, possesseurs des mines les plus fécondes, opposent une digue à la sortie des métaux, et cherchent à en retenir la source dans leur pays.

A l'active industrie, à l'aisance générale, aux lumières, à ces beaux établissemens, à ces vastes et riches magasins des Anglais, comparez la paresse, la misère, l'ignorance, l'inhabileté et les sales boutiques des Espagnols et des Portugais.

Aux ressources incroyables, à la puissance, à l'influence * diplomatique du

* La France, en reprenant dans l'Europe le rang qui lui appartenait, a rendu nulle l'influence du

gouvernement anglais, qui naguères encore ne commandait point à de vastes contrées, comparez la mauvaise administration, la faiblesse et la nullité du gouvernement espagnol, dont l'empire est si étendu que, suivant l'expression du poëte, le soleil éclaire toujours ses états. Avait-elle donc en vue la situation à venir de ces peuples, cette ingénieuse et prophétique allégorie de Midas, aux vœux duquel les dieux accordèrent de convertir en or tout ce qu'il toucherait, et qui au milieu de cette brillante et stérile richesse mourut de misère et de désespoir?

Cependant s'il est de l'intérêt des sociétés politiques de réduire, le plus possible, le besoin qu'elles ont de métaux, il est également de leur intérêt d'en pos-

---

gouvernement anglais; et la seule amitié du gouvernement français a relevé le gouvernement espagnol, qui a vu créer un trône pour y placer un prince qui lui appartient. D'un autre côté, le gouvernement espagnol se livre de jour en jour à des idées plus libérales. Aussi ce que j'établis ici est moins relatif à l'état actuel des choses qu'à celui qui l'a précédé.

séder proportionellement à ce besoin. Mais quelle sera cette quantité proportionnelle ?

Des Arithméticiens politiques, après avoir fixé le revenu d'un état, après avoir déterminé à une pièce près la quantité du métal qui circule dans un pays, ont marqué le rapport de la monnaie à la valeur totale des marchandises. Ils l'ont estimé comme un, comme dix, comme vingt, comme trente, sont à un : car ces savans, ambitieux surtout de passer pour créateurs, ont moins cherché à être d'accord avec la vérité qu'à n'être point d'accord avec ceux qui les avaient dévancés. Aussi la connaissance de leurs calculs approximatifs offre-t-elle une science si vague qu'elle ne diffère point de l'ignorance absolue.

Pour pouvoir régler la quantité de monnaie proportionnellement nécessaire à un pays, il faudrait connaître la valeur totale des échanges qui se concluent dans le terme d'une année, et pouvoir l'estimer en numéraire ; il faudrait encore deviner quel est le terme moyen du temps qu'emploient tous les échanges; et alors, réduisant le total des échanges annuels dans la proportion de ce terme moyen au terme d'une année, et en soustrayant tout ce que les billets de banque ajoutent à la monnaie métallique, on déterminerait la somme de numéraire indispensable à un pays.

Ce qui doit consoler de l'impossibilité de résoudre ce problème, c'est que la solution en serait inutile. Comme on achète aussi facilement des métaux avec des marchandises, que des marchandises avec des métaux, la quantité de monnaie nécessaire à un pays, est aussi facile à se procurer, qu'il est impossible de la reconnaître et de la déterminer.

Il est une recherche plus importante et qui appartient véritablement au sujet que je traite, c'est celle qui a pour but de découvrir dans quelles circonstances le numéraire doit paraître rare, et par quelles causes il vient à manquer tout à coup, quand on l'appelle de toutes parts.

La rareté du numéraire se fait sentir, soit que les marchandises ou les propriétés ne puissent en obtenir que difficilement et avec perte, soit que l'agriculture et l'industrie, accoutumées à un emploi de fonds qui ne proviennent que de leur crédit, ne trouvent plus à emprunter la même somme.

Tant que la valeur des objets échangés et consommés ne surpasse point la valeur du revenu annuel, le numéraire ne peut paraître rare. La valeur des marchandises se proportionne d'elle - même à la quantité de la monnaie en circulation, et celle - ci ne manque jamais au travail ou à la marchandise qui veulent se vendre. Si la somme de monnaie en circulation augmentait, le prix nominal des marchandises augmenterait avec elle, et la valeur réelle resterait toujours la même. Les produits agricoles obtiendraient toujours la même quantité de produits industriels, les produits industriels la même quantité de produits agricoles. Celui dont le revenu n'est établi qu'en numéraire, resterait seul exposé à en perdre une partie. Mais comme ce dernier est nécessairement un être improductif; comme il n'est qu'associé aux bénéfices de l'agriculture, du commerce et de l'industrie, il ne peut perdre sans qu'un autre gagne, et la richesse nationale n'en est pas diminuée.

Mais si la consommation générale et les dépenses particulières sont portées au-delà des revenus, les marchandises trouvent difficilement à se vendre; et par un contraste assez singulier, elles ne se vendent jamais plus cher, parce que le besoin de vendre et le désir de jouir ne se font jamais sentir plus vivement : cependant, si les marchandises n'obtiennent plus aisément de la monnaie, ce n'est pas qu'il y ait moins de numéraire, c'est qu'il y a plus d'objets susceptibles d'être vendus qui se le disputent; car chacun est obligé de se défaire de ce qu'il possède, en proportion de ce qu'il consomme au-delà de ses moyens.

Le prix des propriétés peut descendre par les mêmes causes et d'après les mêmes principes. La dépréciation des propriétés peut même être plus considérable, parce que les étrangers concourent avec les nationaux pour l'achat des marchandises, et qu'ils ne concourent point pour l'achat des propriétés. Les immeubles ont bien, en raison de leurs revenus, une valeur réelle, presqu'invariable, éternelle, et supérieure sous ce rapport à celle de toutes les autres richesses ; mais comme ces bien-fonds ne sont point nécessairement destinés à être échangés, dès qu'il s'agit de les estimer et de les convertir en marchandises ou en une somme de monnaie qui les représente, on manque et de règle et de mesure pour la comparaison de leurs valeurs. Le nombre des propriétés à vendre dépend du plus ou du moins de dissipation des propriétaires. La somme qui doit les acheter, dépend du plus ou du moins d'économie de ceux qui ne sont point propriétaires et qui veulent le devenir. Le prix des propriétés est entièrement soumis à l'action de ces deux causes, et leur influence est telle qu'il devient impossible de déterminer jusqu'à quel point elles peuvent l'élever ou le faire descendre. L'argent qui est donné en échange des propriétés, ne représente que le revenu à venir, plus ou moins répété. La quantité de monnaie en circulation est encore ici une cause indifférente. S'il y en a plus, les propriétés se vendront nominalement davantage, mais le prix nominal des marchandises s'étant également élevé, le prix supérieur de la vente ne représentera jamais que ce qu'il doit représenter. S'il y a moins de monnaie en circulation, les propriétés se vendraient pour moins de monnaie, et le résultat serait toujours le même. Si les échanges se faisaient sans l'intermédiaire d'aucune monnaie, les propriétés suivraient les mêmes proportions en se vendant pour des marchandises, et leur désavantage deviendrait plus grand, parce que les échanges seraient plus difficiles.

La rareté du numéraire ne se fait jamais sentir d'une manière plus funeste, que lorsqu'il manque à la demande de l'agriculture, de l'industrie et du commerce ; et cependant ce n'est point encore la diminution des métaux qui a produit cette rareté apparente.

Une quantité de monnaie a été originairement remise aux différentes classes de la société en échange de leurs produits : une partie de cette monnaie est employée à la consommation, l'autre est mise en réserve par l'économie. Les économies particulières composent entièrement la somme prêtée à l'agriculture, à l'industrie et au commerce.

Quand les dépenses augmentent, le fonds des économies diminue, la somme à prêter et celle que l'on peut emprunter deviennent moindres ; la quantité du numéraire circulant est restée la même, sa destination seule a changé. Il y a plus de monnaie circulant pour la dépense, il y en a moins de réservée par l'économie. Ces deux emplois ont varié dans leur rapport ; réunis, ils présentent toujours la même somme.

Cependant l'agriculture, l'industrie et le commerce ont alors moins de moyens ; ils emploient moins de bras, le travail est moins payé ; des *industrieux* périssent de misère, et on en accuse la rareté du numéraire : mais si tant de trésors prodigués pour les diamans de quelques femmes, si tant de millions consacrés par toutes les classes aux ridicules de la vanité, étaient utilement prêtés à l'agriculture, à l'industrie et au commerce, le numéraire, dont la quantité ne serait point augmentée d'une seule pièce, cesserait de paraître rare ; le travail trouverait facilement de l'emploi, il recevrait un fort salaire ; la population deviendrait plus considérable ; la richesse

et la puissance nationale augmenteraient
avec elle.

Ainsi toutes les questions d'économie
publique, toutes celles relatives à l'agriculture, à l'industrie, au commerce, aux monnaies, aux finances de l'état, toutes nous
ramènent à ce seul principe, à ce seul mot,
économie. [17]

CONCLUSION.

J'ai voulu rechercher quel but devait se proposer une République.

J'ai admis avec tous les publicistes, que ce but était le plus grand raprochement de la liberté et de l'égalité; mais, semblable au médecin qui·combine la force de ses remèdes avec la constitution physique de ses malades, j'ai cru devoir consulter d'abord quelle est l'organisation des sociétés, et jusques à quel degré leur économie intérieure peut leur permettre le régime de la liberté et de l'égalité.

Cette question devait me conduire à l'anatomie du corps politique, et j'ai essayé d'en analyser toutes les parties et d'en observer tous les ressorts.

Après avoir considéré successivement le droit de propriété, qui établit l'inégalité; le luxe et l'industrie, qui en devinrent les palliatifs ; l'industrie, le commerce intérieur, les monnaies et le commerce étranger, qui, destinés à servir le luxe, ne peuvent cependant augmenter la richesse, la puissance et la population, qu'au moyen de l'économie. Après avoir traité isolément ces différens sujets, il me reste à en rappeler les principes, à en rattacher les conséquences à la question que je me suis d'abord proposé de résoudre.

Dans le mouvement continuel de la consommation et de la reproduction du revenu, j'ai cru remarquer trois richesses d'une nature bien distincte : 1.º la terre, principe de toutes les productions ; 2.º le travail, qui aide à multiplier les productions de la terre et les rend propres à la consommation ; 3.º tous les objets, ou produits ou fabriqués, destinés aux besoins et aux agrémens de la vie, et qui forment la richesse mobiliaire d'une nation.

La richesse mobiliaire, consacrée aux besoins présens de la société, peut seule y subvenir. La terre et le travail ne peuvent fournir qu'aux besoins à venir. La richesse mobiliaire, sagement dépensée et répartie, achète tout le travail, entretient toute la société, augmente la reproduction de la terre et du travail : follement dissipée, elle achète moins de travail ; la terre et l'in-

dustrie reproduisent moins, et la misère détruit la population : ainsi, quoique la terre
et le travail soient les véritables sources de
la richesse, l'emploi du fonds mobilier,
qui rend ces sources ou plus faibles ou
plus abondantes, m'en a paru le véritable
principe.

Le fonds mobilier et la terre sont la possession et le domaine de quelques particuliers. Ces priviléges, résultat inévitable de
la division originaire des biens, sont la
base sur laquelle repose tout l'édifice social ; et avant qu'il puisse être question
d'égalité, c'est à maintenir cette inégalité
que tout doit tendre et concourir. Le travail est resté la seule possession commune
à tous ; encore ne peut-il rien par lui-
même. Sans instrumens, sans matières premières, le travail ne peut que se vendre.

Cependant, si tous ceux qui n'ont d'autre richesse que leur travail (et ils composent la majorité d'une nation) ; si tant
de citoyens se trouvent dans un état de
dépendance nécessaire, cette dépendance
est d'autant moins grande, d'autant moins
réelle, que le simple travail est plus recher-

ché; que sa vente est plus facile, et qu'il est un plus prompt et un plus sûr moyen d'assurer l'existence. Or, c'est de l'emploi du fonds mobilier que le travail attend toute sa valeur ; et c'est conséquemment par la plus grande application de ce fonds à l'achat du travail, que les peuples peuvent se rapprocher de la liberté et de l'égalité autant que le permet l'état actuel de la civilisation.

Tandis que tous les hommes poursuivent la richesse dans la vue de se rendre personnellement indépendans, les publicistes ne se sont pas même occupés des principes qui pouvaient augmenter la liberté individuelle ; ils ont cru que la liberté politique était la seule qui intéressât les sociétés ; ils se sont proposé de découvrir comment le gouvernement pouvait n'être que le mandataire du peuple, et comment ce dernier, en obéissant à la loi, pouvait n'obéir qu'à lui-même : sublime recherche, bien digne sans doute du noble orgueil de l'homme ! Pourquoi fallait-il qu'elle lui coûtât tant de maux ? C'est encore à l'économie politique à résoudre ce problème.

La société ne donne rien aux membres qui la composent; elle leur demande au contraire, et, pour prix de ce qu'elle en reçoit, leur garantit ce qu'ils possèdent. Or, comme la première, la plus générale, la plus impérieuse des lois que la nature a imposées à tous les êtres, est la conservation de leur individu : comme l'homme en société ne peut devoir cette conservation qu'à lui-même, il n'existe, il ne réfléchit, il ne s'agite que pour tirer le parti le plus avantageux de sa terre, ou de ses capitaux, ou de ses marchandises, ou enfin de son travail; il vit sous l'empire de cette seule pensée, elle occupe tous ses momens, elle emploie tous ses moyens physiques, elle absorbe toutes ses facultés morales, elle ne lui laisse point même un jugement libre. L'homme ne trouve rien de conforme à la raison, à la justice, à l'intérêt général ni à l'humanité, qu'il ne soit aussi conforme à son intérêt particulier.

Cependant les propriétaires, les fermiers,

les capitalistes , selon l'emploi de leurs fonds; les fabricans, les négocians, les marchands, les ouvriers, selon le genre de leur industrie et de leur commerce; les consommateurs, les gens de justice etc., tous ont un intérêt non-seulement distinct, mais encore opposé; et la diversité des opinions naît bien moins de l'extrême variété des jugemens, que de la différence infinie des situations.

Les hommes ne voyant donc l'intérêt général qu'à travers le prisme de leurs intérêts particuliers, et leurs intérêts particuliers étant opposés, il leur est impossible de s'entendre; il leur est impossible de connaître, de juger, de décider ce qui convient à l'intérêt général.

„ *La loi,* ⋆ dit Rousseau, *réunit l'uni-*
„ *versalité de la volonté et celle de l'ob-*
„ *jet. Il y a bien souvent de la différence*
„ *entre la volonté de tous et la volonté*
„ *générale; mais quand tout le peuple*
„ *statue sur tout le peuple, il ne considère*
„ *que lui-même; et s'il se forme alors un*

⋆ Rousseau : *Contrat social;* liv. 11, chap. VI.

„ *rapport, c'est de l'objet entier sous un*
„ *point de vue, à l'objet entier sous un*
„ *autre point de vue : alors la matière*
„ *sur laquelle on statue, est générale,*
„ *comme la volonté qui statue ; et c'est*
„ *cet acte que j'appelle loi.* "

De ces deux caractères si judicieusement exigés par le philosophe de Genève pour la formation de la loi, l'universalité de l'objet me paraît plus essentielle encore que l'universalité de la volonté : car un seul individu, entièrement impartial, doit presque toujours prononcer comme prononcerait le peuple lui - même s'il était désintéressé ; au lieu que l'opinion du peuple divisé d'intérêts, ne peut jamais représenter la volonté générale ; la société n'est plus un tout, elle n'offre que des parties inégales et opposées. La souveraineté n'est qu'une lutte des passions ; les assemblées du peuple, que le théâtre de la guerre civile ; et la loi, que le triomphe de la faction la plus nombreuse, la plus puissante, la plus unie et la plus opiniâtre.

De la définition que l'auteur du Contrat social a donnée de la loi, il faudra donc conclure que chez les peuples modernes le citoyen est hors d'état de prononcer sur une loi, puisqu'il n'est pas de loi qui, directement ou indirectement, immédiatement ou médiatement, n'affecte plus ou moins les intérêts de telle ou telle classe, de tels ou tels individus : la formation de la loi étant abandonnée aux cabales et aux intrigues, la loi ne peut donc jamais être le résultat de la volonté générale; s'il en a toujours été ainsi, on voit que par la nature des choses il n'en pourra jamais être autrement.

Le peuple est encore moins capable de statuer sur ses impôts : car chacun de ceux-ci ne frappe jamais que sur une nature de biens; conséquemment il n'est supporté que par une classe de citoyens; et l'on peut être aussi assuré de l'opinion des habitans des villes contre les impôts indirects, que de l'opinion des propriétaires et des cultivateurs contre les impôts fonciers.

Ce n'est donc pas seulement l'impossibilité physique de recueillir les votes d'une grande nation, qui s'oppose à l'exercice de sa souveraineté; la nature de l'homme en société s'y oppose également. Prétendre à se gouverner soi-même, c'est pour un peuple renoncer à tout gouvernement; c'est se livrer à toutes les passions, à tous les crimes; c'est multiplier la guerre civile par le nombre des citoyens; c'est armer de la puissance publique et de la faculté de détruire toutes les animosités, toutes les rivalités, toutes les jalousies, toutes les haines particulières : un cimetère à deux tranchans, une arme à feu dont la détente est facile à s'échapper, sont moins dangereux dans la main d'un enfant, que l'exercice de la souveraineté ne l'est entre les mains du peuple.

Comme c'est l'homme social qui par sa nature même n'est point propre à la liberté politique, le peuple ne peut pas plus donner et reprendre continuellement son autorité, il ne peut pas plus gouverner pour ainsi dire par fractions, qu'il ne peut gouverner lui-même et en masse. L'intelligence suffit-elle pour braver les orages, pour diriger un vaisseau à travers les écueils ?

Qui oserait confier sa vie à un pilote qui n'aurait aucune connaissance de l'art nautique ni des parages où il navigue ? Et les dangers de la patrie toucheraient assez peu les citoyens pour qu'ils remissent continuellement le timon de l'état à des hommes sans expérience ! et des élections annuelles, et ce renouvellement successif de l'autorité, et cette forme de gouvernement, ont été présentés à des peuples civilisés comme le chef-d'œuvre de la raison humaine ! et on leur a persuadé que chaque particulier était capable de gouverner, qu'un cultivateur, un négociant, un manufacturier, pouvaient devenir tout à coup des hommes d'état ! Non rien ne prouve mieux combien, en flattant l'orgueil des peuples, il est facile d'en imposer à leur raison.

Cependant, si tout ce qui est homme ne peut s'élever constamment au-dessus de l'intérêt particulier ; d'un autre côté, les hommes ne pouvant être gouvernés que par des hommes, il en résulterait que le meilleur gouvernement serait le gouvernement le moins imparfait (l'histoire ne prouve que trop cette vérité) ; il en résulterait aussi que le gouvernement le moins imparfait serait celui confié aux citoyens les plus indépendans par leur fortune, les moins habitués aux calculs de l'intérêt particulier, à ceux qui ont été formés depuis plus de temps à l'administration des affaires publiques et à ne consulter que l'intérêt général. Mais quel sera le mode d'élection le plus propre à ne confier le gouvernement qu'à des hommes semblables ? quelle forme de constitution doit plus sûrement prémunir les peuples contre les usurpations d'un gouvernement tyrannique ? Ces questions sont autant au-dessus de ma portée qu'étrangères à mon sujet : il m'appartenait seulement de prouver que les peuples ne peuvent se rapprocher directement de la liberté politique, et qu'il doit leur être funeste de l'entreprendre : car la liberté politique est comme l'arche sainte, qu'il était permis et même ordonné d'adorer de loin, mais à laquelle personne n'osait toucher sans être aussitôt frappé de mort.

Ce qui doit dédommager de la liberté politique, c'est la liberté civile : elle est la faculté de faire tout ce qui n'est pas défendu par la loi; elle protège l'intérêt de chaque citoyen contre tous les intérêts qui lui sont opposés; elle assure à chacun son existence, la jouissance de ses biens et sa tranquillité. La liberté civile est garantie elle-même par la puissance du gouvernement; et comme celle-ci s'affaiblit presque toujours à mesure que le peuple veut reconquérir ses droits, la liberté civile diminue en même temps que l'on croit augmenter la liberté politique. Il est vrai cependant que la liberté civile est aussi menacée par les usurpations des gouvernemens; mais les seuls freins qu'on puisse leur opposer sans inconvénient, ce sont, d'un côté, la modération et le bon choix des gouvernans; de l'autre, la liberté morale, la fierté et le caractère d'indépendance des gouvernés. Or, les sujets jouissent d'autant plus de la liberté morale, ils sont d'autant plus éloignés de s'avilir, d'autant moins préparés à se vendre, qu'ils sont plus assurés de leurs moyens d'existence. Ainsi, plus le travail est un moyen facile d'exister, plus les hommes jouissent aussi de la liberté morale : une plus grande liberté morale rassure davantage la liberté politique, et la liberté politique devient alors la meilleure garantie de la liberté civile. Ainsi, dans l'ordre naturel, et moral, et politique, et civil, tout se trouve enchaîné. Ainsi, de quelque manière qu'on envisage la liberté, les peuples en jouiront d'autant plus qu'ils employeront une plus grande partie de leurs capitaux à salarier le travail. Ainsi l'économie, principe de la richesse, [18] de la puissance et de la prospérité des nations, est aussi le principe de la richesse, du bonheur et de la liberté des individus.

F I N.

NOTES.

(Note 1.re, page 2.)

Parallèle de Sully et de Colbert.

On a cherché à comparer Sully et Colbert, à les opposer l'un à l'autre. On a représenté l'un comme ayant voulu exclusivement favoriser l'agriculture, l'autre comme s'étant spécialement attaché à créer une industrie nationale et à augmenter le commerce : le premier, comme ayant négligé les ressources du commerce et de l'industrie ; le second, comme ayant méconnu que la terre est le principe des richesses. Enfin on a rattaché à leurs noms deux systèmes opposés, et sous leurs bannières les économistes se sont divisés en deux sectes.

Toute idée de guerre et de parti intéresse plus vivement les hommes, et de grands noms sont nécessaires pour l'imagination. Ces motifs seuls peuvent expliquer pourquoi l'on a cherché à établir une opposition des principes administratifs entre ces deux grands hommes.

De Sully.

Ce ministre ne fut point séduit et ne chercha point à séduire par le charlatanisme de la finance. Il considéra l'administration des biens de l'état comme celle des biens d'un particulier : il la géra d'après les mêmes principes. Henry IV n'avait plus de revenus, les impots ne servaient qu'à payer les dettes, et l'état ne se soutenait qu'au moyen de nouveaux emprunts. Sully revisa les dettes de l'état : il cherchait moins encore à relever le crédit public, qu'à s'en passer entièrement; et son premier principe, celui dont il ne se désista jamais, fut, *point d'anticipation*, conséquemment point d'emprunts.

Les guerres intestines avaient autorisé, et Henry IV avait souffert, l'établissement d'une multitude d'impôts au profit de quelques grands seigneurs. Ces impôts étaient et gênans et ruineux pour les peuples. Sully les supprima tous.

Henry IV n'avait point de marine. L'état entretenait peu de troupes. Le système administratif était extrêmement simple et peu dispendieux. Les dépenses pour les affaires étrangères se bornaient aux traitemens de quelques ambassadeurs. Il n'en coûtait rien à l'état pour que la justice fût rendue aux peuples, et les bénéfices ecclésiastiques servaient à payer des pensions, et acquittaient la reconnaissance publique.

Si les recettes étaient peu considérables, les dépenses l'étaient encore moins. Il fut donc possible à Sully d'établir un juste équilibre entre les recettes et les dépenses. Ce sur-intendant fit plus : Henry IV eut des épargnes et un trésor.

Ordre, régularité, économie, telles furent les bases de l'administration de Sully.

De Colbert.

Colbert trouva les finances à peu près dans le même état de délabrement où les avait trouvées Sully.

En 1661, 1.re année de son administration, le revenu brut de l'état était de .. 84,222,096 ₶

La dette annuelle............ 52,377,172

Le revenu net de............ 31,844,924

Chaque année il fut fait des remises sur les impôts personnels et sur les tailles.

En 1669, la remise faite à différentes provinces, fut de......... 3,000,000

Et sans augmentation d'impôts, la recette brute s'était élevée cette même année à la somme de.... 95,623,789

La dette annuelle avait été successivement réduite à........... 26,901,896#

Conséquemment le revenu net
fut porté à.................... 68,721,893
Comme il n'était en 1661 que
de 31,844,924

Il s'était augmenté de........ 36,876,969

En huit ans, sans autres moyens que l'ordre et l'économie, Colbert fit plus que doubler
les revenus de l'état.

Comme Sully, il revisa les dettes et les réduisit; comme Sully, il n'assigna des dépenses
que sur les recettes réelles; comme Sully, il
voulut renoncer à toutes anticipations, à tous
emprunts, et prévoyant les dispositions dissipatrices de son roi, il voulut lui faire rendre
un édit qui prononçait la peine de mort contre
celui qui prêterait des fonds à l'état. Sully
n'avait jamais été si loin. Mais Henry IV se-
conda les vues de Sully : le somptueux Louis
XIV contraria celles de son ministre.

Et cependant Colbert balança les recettes et
les dépenses jusqu'au moment où la guerre
détruisit leur équilibre : ici les résultats des
deux administrations deviennent différens.

Il est probable sans doute que dans les circonstances où se trouva Colbert, Sully, l'ami

de Henry IV, eût opposé la plus héroïque fermeté aux prodigalités de son roi; il est probable, qu'avant de lui céder, il se serait honorablement retiré du ministère : Colbert n'avait point le même empire sur Louis XIV; peut-être avait-il aussi moins de fermeté. Quoi qu'il en soit, ce qui distingue les deux ministres, c'est moins l'opposition de leurs principes et de leur système, que la différence de leur caractère ou de leur situation. Si Sully, ministre de Louis XIV, après avoir en vain lutté contre son génie dissipateur, fût resté au ministère, comme y resta Colbert, il aurait bien fallu qu'il se créât également des ressources par des emprunts ou de nouveaux impôts; car, dès que l'on ne peut empêcher que la dépense surpasse la recette, il n'y a plus d'autre moyen de rétablir l'équilibre qu'en augmentant le revenu, et le revenu du gouvernement ne peut s'accroître qu'aux dépens des gouvernés.

Il est inutile de discuter, et impossible de déterminer, si Sully eût employé les mêmes impôts que Colbert; il suffit d'avoir démontré que les circonstances dans lesquelles se trouvèrent ces deux ministres, que leurs caractères et ceux de leurs rois, furent seuls différens, mais que leurs principes et leur système administratifs furent absolument les mêmes.

Cependant l'on reprocha moins à Colbert la création de nouveaux impôts que leur emploi; on l'accusa de ne point favoriser l'agriculture, et de prodiguer au contraire les trésors de l'état pour le commerce et pour l'industrie.

Colbert n'a point, dit-on, favorisé l'agriculture. Est-ce parce qu'il diminua les impôts fonciers, parce qu'il en remit une partie aux provinces qui souffraient davantage? N'en a-t-il pas exempté le cultivateur qui fournissait à l'état de nombreux enfans? n'a-t-il pas déclaré insaisissable les bestiaux et les instrumens de labourage? n'a-t-il point excité l'importation des productions et des races étrangères? l'agriculture ne lui doit-elle pas ses lois? n'est-il pas l'auteur de ce beau cadastre qui, en déterminant la population et la richesse de la généralité de Montauban, promettait à ce canton de ne plus imposer ce qu'il ajouterait à sa richesse et à sa population?

Tous ces bienfaits, objecte-t-on, sont bien loin de compenser le tort que Colbert a fait à l'agriculture, en ne permettant pas l'exportation de ses grains, dont Sully avait favorisé avec tant de courage la libre circulation.

Le reproche qu'on fait ici à Colbert n'est pas entièrement juste. Ce n'est pas Colbert, c'est le parlement qui défendit l'exportation des grains. Le ministre ne peut être accusé que de ne point s'être opposé à l'arrêt du parlement. Mais le pouvait-il ? le devait-il ?

Plus les préjugés contre le commerce des grains sont dangereux, plus il est funeste de les attaquer autrement que par la persuasion. Comme rien ne produit plus rapidement la famine que l'inquiétude sur les subsistances, toute mesure qui inquiète, fût-elle bonne, devient pernicieuse. Permettre le commerce des grains quand un corps respectable, quand l'opinion générale, prétendent aveuglément s'y opposer, c'est exposer le gouvernement à être accusé par le peuple de tous ses maux. L'exemple du sage Turgot a depuis démontré cette vérité.

Enfin, on blâme Colbert d'avoir fait des sacrifices pour le commerce et l'industrie. Avant de répondre à ce dernier reproche, qu'il me soit permis de jeter les yeux sur la révolution qui s'était opérée depuis Sully.

Les progrès de la civilisation avaient diminué la domesticité civile, avaient supprimé la domesticité militaire (sous Henry IV un seigneur entretenait jusques à 800 gentilshommes). Le vagabondage et la mendicité ne nourrissaient plus des milliers de fainéans et de bandits. Les dépenses des seigneurs étaient diminuées, et leurs revenus s'étaient augmentés sous la protection des lois. L'économie avait déjà accumulé des ressources. Les riches avaient donc un excédant de revenus à employer, et le luxe allait rendre la France tributaire de l'industrie étrangère. Il n'y avait alors d'autres riches que les nobles. L'éloignement et le mépris qu'ils témoignaient pour les affaires, la difficulté de trouver des fonds pour commencer un premier établissement, l'incertitude du succès; le peu d'habitude des voyages, qui sont indispensables pour observer, pour imiter les procédés étrangers; tout paraissait contraire aux progrès de l'industrie française.

C'est dans ces circonstances que se présenta cette question :

Faut-il encourager par des sacrifices le commerce et l'industrie nationale?

La question était neuve. Elle n'avait pu se présenter sous l'administration de Sully : quand il n'y a point de luxe, point d'excédant de revenu agricole, il ne peut être question d'encourager l'industrie. Colbert, sous Henry IV, eût administré comme Sully, et l'on peut seulement mettre en doute si Sully, sous Louis XIV, eût administré comme Colbert.

Ce dernier fit voyager des hommes intelligens; il acheta les découvertes de l'industrie étrangère, importa les métiers pour les bas, et autres instrumens ou machines inconnues aux Français; il fit des avances aux manufactures; il accorda des exemptions au commerce d'exportation.

Cependant Louis XIV augmentait ses troupes, se créait une marine, entourait la France de forteresses, faisait élever partout les plus somptueux édifices; et, grand dans tout, prodiguait les trésors pour les plus nobles comme pour les plus futiles dépenses : d'un autre côté et en même temps, Colbert consacre deux millions au commerce et à l'industrie; et c'est la mémoire de Colbert qui est chargée de tout l'odieux de l'impôt.

Des guerres continuelles, des désastres de toute espèce, des maladies épidémiques, la révocation de l'édit de Nantes, plus destructive que tous ces fléaux, dépeuplaient entièrement la France : et l'on reproche à Colbert d'avoir rendu les campagnes désertes et d'avoir enlevé des bras à l'agriculture pour remplir les ateliers des villes! comme si l'industrie pouvait créer plus d'ouvrages que n'en peuvent acheter les revenus des terres; comme si elle pouvait employer plus d'ouvriers que le produit net de l'agriculture n'en saurait nourrir. O postérité, est-ce par de pareils jugemens que tu prétends justifier l'impartialité de ton tribunal!

Je n'ajouterai rien à tout ce qui a été dit ou écrit sur l'administration de Colbert. Je n'examinerai pas le système des compagnies exclusives. Je ne discuterai point le mérite de ces règlemens qui, pour forcer l'industrie à renoncer à une mauvaise routine, lui prescrivaient jusqu'aux détails les plus minutieux. Colbert n'a pu que nuire à l'industrie par ces prétendues erreurs; et je veux seulement le justifier de l'avoir favorisée. Je me résume donc, et je me borne à rappeler que Sully n'eut d'autre système que de diminuer la dépense et d'améliorer la recette; que ce fut aussi le système de Colbert; que Henry IV et Louis XIV différèrent dans leur conduite; que leurs ministres ne différèrent point dans leurs principes; que Colbert voulut ce qu'avait voulu Sully, et qu'il ne fit, en empruntant, que ce que Sully eût été forcé de faire s'il eût cédé aux mêmes circonstances; enfin que, si Colbert a fait des avances à l'industrie, s'il a donné des encouragemens au commerce, c'est qu'il s'est trouvé dans d'autres circonstances que Sully, et conséquemment que l'on ne saurait en rien les opposer l'un à l'autre.

Dans une note il est permis de traiter familièrement les objets les plus sérieux, et je terminerai ce parallèle de deux grands hommes par l'histoire particulière d'une famille.

L'aïeul de la génération actuelle dit en mourant à ses deux fils : *mes enfans je vous laisse cent arpens de terre ; la terre est la source de tous les biens ; elle nourrit et ne laisse jamais périr ceux qui la cultivent : consacrez-vous donc tout entiers aux travaux qu'elle demande, et ne cherchez qu'à multiplier ses produits.*

Les fils suivirent et se trouvèrent bien d'avoir suivi les leçons de leur père. Mais ils devinrent eux-mêmes les pères de nombreux enfans. Ceux-ci grandissaient. L'un des pères dit alors à l'autre :

Que ferons-nous de nos enfans ? si nous les associons à nos travaux agricoles, ils diminueront notre fatigue, mais ils n'augmenteront pas nos produits. Nous avons du lin que nous récoltons, faisons venir des ouvriers : nos fils dirigeront leurs travaux, et au lieu de lin nous vendrons de la toile aux étrangers.

Mon frère, répondit le second, *désobéirons-nous aux conseils de notre père ?*

Nous lui avons obéi, repliqua le premier, *en consacrant à nos champs tout le travail dont leur culture est susceptible ; nous en retirons à présent tout le produit que nous pouvons en espérer. Notre tâche finie, il nous reste du temps et des bras. Voilà une circonstance que notre père n'a point prévue. Après avoir exécuté ce qu'il nous a ordonné, consacrons-nous aux travaux les plus utiles après ceux auxquels il nous a recommandé de nous livrer de préférence : c'est l'esprit même de ses conseils.* Cet avis fut suivi, la richesse et la puissance de la famille s'en augmentèrent. Le premier chef de cette famille était Sully : celui qui conseilla de filer le lin, était Colbert.

(Note 2, page 26.)

Sur une nouvelle méthode d'étudier la doctrine de Smith, proposée par le C.ᵉⁿ Garnier, son dernier traducteur.

Smith a successivement traité les trois questions suivantes : 1.° quelles causes ont multiplié les forces productives du travail? 2.° dans quel ordre le revenu national se distribue-t-il entre les différentes classes de la société ? 3.° par quels moyens s'augmente le revenu national? En traitant ces trois questions, Smith parle de la différence des valeurs, et il les divise suivant leur nature.

Le citoyen Garnier recommande d'extraire de Smith, 1.º tout ce qui est relatif aux valeurs, en les définissant, en recherchant les lois qui les régissent, en analysant les élémens qui constituent une valeur ou entrent dans sa composition, enfin en observant les rapports qui existent entre les différentes valeurs;

2.º Tout ce qui a rapport à la masse générale des richesses, en divisant les richesses en plusieurs classes, selon leur destination ou la fonction qu'elles remplissent;

3.º Tout ce qui concerne la manière dont s'opère la multiplication et la distribution des richesses.

Par cette nouvelle méthode le citoyen Garnier a séparé ce que Smith avait réuni, et a réuni dans sa troisième partie l'examen des trois questions que Smith a traitées séparement.

Ce n'est cependant pas sans raison que Smith a rapproché de la définition des valeurs et de l'examen de leur emploi, les questions économiques qu'il se proposait de résoudre.

C'est par la définition des valeurs, c'est par l'examen de ce qui constitue le prix d'une marchandise, que Smith a découvert comment le revenu national est réparti entre les différentes classes de la société. Et en effet, si le prix d'une marchandise paye ou rembourse, et le

salaire du travail, et l'intérêt de l'argent, et
la rente de la terre, n'en doit-on pas conclure
que le revenu national, qui n'est autre chose
que le prix de toutes les marchandises ou de
tous les produits rendus propres à la consommation, se distribue naturellement entre les
propriétaires, les agriculteurs, les commerçans, les capitalistes et les artisans ?

C'est aussi en remarquant que la masse des
richesses se divise en deux parties, que l'une
est employée pour être consommée, et l'autre
pour former un capital; c'est en observant les
résultats de ces deux emplois, que Smith a découvert le moyen d'augmenter le revenu national. Il l'a fait dépendre de l'accumulation des
capitaux. Smith me semble aussi conséquent
quand il traite séparément ces trois questions
que Garnier voudrait réunir. Smith n'a pas
recherché en même temps toutes les causes qui
avaient augmenté la richesse des peuples.

Il a d'abord observé la cause physique qui
multiplie les forces productrices du travail, et
il a prétendu que cette cause physique était la
division du travail.

Il a ensuite remarqué comment le revenu national est réparti entre les différentes classes
de la société; et cet examen l'a conduit naturellement à découvrir la cause politique qui,

en mettant plus de travail en activité, augmente la richesse d'une nation.

Toutes les pensées de Smith sont clairement
exprimées; ses principes et leurs conséquences
dérivent bien les uns des autres. On ne con-
teste à cet écrivain ni la clarté du style, ni la
netteté des idées. L'ensemble de l'ouvrage
paraît seulement difficile à saisir. Mais est-ce
la faute de Smith ou celle de ses lecteurs? la
lecture d'un traité de politique ou d'économie
publique est une étude et une pénible étude.
Que reste-t-il après avoir parcouru superficiel-
lement un ouvrage? quelques phrases isolées
que la mémoire retient, quelques idées que la
passion interprète à son gré, et dont elle abuse.
Combien de gens ont lu le Contrat social et
l'Émile? combien peu de lecteurs s'en sont
fait une juste idée?

Si je me permets d'émettre une opinion contraire à celle de M. Garnier, citoyen estimable
et comme administrateur et comme économiste,
c'est la gloire de Smith même que je défends,
et je n'oppose que Smith à son traducteur.

(Note 3, page 28.)

Sur une opinion de M. Garnier, relative à la différence des principes de Smith et de ceux des économistes français.

Suivant M. Garnier, la doctrine de Smith diffère de celle des économistes, en ce que ceux-ci remontaient à la terre comme source primitive des richesses, tandis que Smith s'appuie sur le travail, comme étant l'agent universel qui les produit.

M. Garnier me semble ici s'être mépris sur ce qui caractérise la différence des deux doctrines : car les économistes avaient reconnu, comme Smith, que le travail est un agent productif ; et comme les économistes, Smith a prétendu que la terre était la source primitive des richesses.

Smith a regardé comme les sources des richesses, tout ce qu'il a désigné sous le nom de capitaux fixes, et il a compris, sous cette dénomination, la terre, les mines, les pêcheries, les instrumens, les machines de l'industrie, et l'homme lui-même, machine perfectionnée par l'adresse et l'intelligence.

Si, en examinant ces capitaux fixes dans leurs rapports, Smith a regardé le travail comme l'agent qui rendait plus productives toutes les sources de la richesse [*] : cette idée était si simple qu'elle ne méritait pas le nom de *découverte ;* elle devait se présenter à tout le monde. Les économistes l'avaient eue, et ils l'avaient exprimée en appelant *productif* le travail employé par l'agriculture. Mais ce qui a distingué Smith, c'est d'avoir en même temps découvert le principe qui met plus de travail en action et donne plus d'activité au travail, découverte à laquelle les économistes n'avaient pas même songé.

(Note 4, page 29.)

Sur la différence des motifs qui ont porté Smith et les économistes français à demander également la liberté du commerce.

La doctrine de Smith semble se rapprocher de celle des économistes, en ce qu'elles ont toutes deux demandé la liberté du com-

---

[*] Smith a considéré aussi le travail comme le meilleur instrument pour mesurer les valeurs, mais en ceci il n'a opposé le travail qu'à la monnaie.

merce et de l'industrie ; mais elles l'ont de-
mandée par des motifs biens différens, et ne
l'ont pas voulu de la même manière.

Les économistes n'ont demandé la liberté du
commerce et de l'industrie qu'en raison du peu
d'importance qu'ils attachaient à ces deux sources du revenu. C'est au contraire en raison
de l'importance qu'il attache au commerce et
à l'industrie, que Smith a demandé qu'on les
débarrassât de toutes les entraves qui nuisent
à leur développement.

Les économistes ont moins voulu la liberté
pour le commerce qu'une exemption de tous
les impôts indirects ; et leur motif fut que l'impôt mis sur le commerce, ne porte que sur
les propriétaires, dont l'intérêt est de payer directement.

En demandant la liberté pour le commerce,
Smith reconnaît au contraire qu'il est quelquefois nécessaire de l'imposer ; il dit formelle-
ment que lorsqu'un droit est établi sur une
production ou une marchandise nationale, il
doit être commun aux productions et aux marchandises étrangères, importées par le commerce.

(Note 5, page 37.)

Sur les peuples agricoles et nomades.

Il existe encore des peuples chasseurs, pasteurs et agricoles. L'on voit sur la terre tous les degrés de civilisation; et l'étude de la géographie pourrait à cet égard remplacer celle de l'histoire. Mais si l'on ne trouvait plus de peuples agriculteurs et nomades, leur antique existence est consacrée par beaucoup de monumens, et surtout par l'un des plus authentiques et des plus beaux qui nous soient restés, par les Commentaires de César.

Lorsque ce grand capitaine défit l'armée des Suisses, ce n'était pas seulement une colonie de Suisses qu'il avait en tête, c'était la nation entière, qui avait abandonné ses montagnes pour venir s'établir dans les plaines fertiles de la Saintonge.

Dans une autre occasion, voilà ce que le vainqueur des Gaules, nous a transmis sur les Gsrmains.

Neque quisquam agri modum certum aut fines proprios hahet; sed	Personne n'a des terres qui lui appartiennent particulièrement;

magistratus aut principes in annos singulos gentibus cognationibusque hominum qui una coierint, quantum et quo loco visum est agri attribuunt, atque anno post alio transire cogunt.

Ejus rei multas afferunt causas, ne assidua consuetudine capti, studium belli gerendi agricultura commutent; ne latos fines parare studeant, potentioresque humiliores possessionibus expellant; ne accuratius ad frigora atque æstus vitandos ædificent; ne qua oriatur pecuniæ cupiditas, qua ex re factiones dissensionesque nascuntur; ut animi æquitate plebem contineant, cum

mais chaque année le magistrat ou le chef de la nation fixe à chaque communauté ou à chaque famille l'emplacement et l'espace de terrain qu'elle doit cultiver, et l'année révolue, il la force d'abandonner son établissement.

Ces peuples justifient cette coutume par plusieurs raisons : ils craignent que la chaîne de l'habitude ne retienne trop fortement les hommes et ne leur fasse abandonner la guerre pour l'agriculture ; ils évitent qu'il se forme des possessions trop étendues, et que les plus puissans chassent les plus faibles de leurs propriétés. Ils ne veulent point que l'homme puisse élever suas quisque opes cum potentissimis æquari videat.

des édifices pour se préserver de l'intempérie des saisons; ils redoutent de laisser introduire la cupidité, source féconde de troubles, et de dissensions intérieures, que ces peuples croient rendre impossibles tant que chacun verra ses richesses égaler celle des citoyens les plus puissans.

A ces réflexions des peuples barbares prévoyant les effets de la civilisation, opposons les pensées d'un sage jouissant des bienfaits de cette civilisation, et regrettant les temps barbares; écoutons *Horace* parlant *aux Romains* dans *le siècle d'Auguste.*

Campestres melius Scythæ,
Quorum plaustra vagas rite trahunt domos,
Vivunt, et rigidi Getæ;
Immetata quibus jugera liberas
Fruges et Cererem ferunt,

Les Gètes sauvages et les Scythes, qui traînent sur des rouleaux leurs cabanes errantes, vivent plus heureux que nous. Leurs champs, qui ne sont point arpentés, ne reconnaissent point de maître. Mais personne

Nec cultura placet lon-
gior annua,
Defunctumque labori-
bus
Æquali recreat sorte
vicarius.

ne supporte plus d'une
année les fatigues de
l'agriculture, et, l'an-
née révolue, chaque
cultivateur est rempla-
cé dans ses travaux.

(Note 6, p. 42.)

Sur la population.

Les lois physiques de la nature tendent à multiplier les hommes, et si ceux-ci goûtaient au sein de la paix toute l'innocence de la vie champêtre, l'imagination conçoit facilement la possibilité d'une population trop nombreuse, aux progrès de laquelle la législation devrait chercher des obstacles. Mais les peuples n'ont jamais eu besoin d'une législation meurtrière, parce que dans l'ordre moral il y a beaucoup de causes destructives de l'espèce humaine, et que ces causes agissent toujours avec d'autant plus d'énergie que les hommes sont plus nombreux. La corruption sociale et la guerre sont donc des moyens prévus par la nature. Celle-ci a multiplié les hommes en raison des causes qui devaient les détruire. Cette prévoyance de la nature est générale pour toutes les espèces. On pourrait calculer les dangers qui menacent chacune d'elles par la fécondité avec laquelle elles se reproduisent.

Les guerres que se font les peuples ont bien rarement une cause légitime : il en est peu sans doute que l'on n'eût pu facilement prévenir. Cependant cet état de guerre auquel semble destiné le genre humain, ne paraîtrait qu'une conséquence d'une loi générale de la nature. En parcourant la longue chaîne des êtres créés, on voit partout une espèce détruite par une autre espèce ; et pour que la loi soit commune, il faut bien que l'espèce qui est placée à la tête du règne animal, la seule qui ne soit la proie d'aucune autre, soit aussi la seule chez laquelle les individus s'entredétruisent.

(Note 7, page 44.)

Sur l'état de nature et l'état social.

Quoique j'avance ici que le droit de propriété n'est pas un droit naturel, je suis bien éloigné de prétendre qu'il soit contraire à la nature.

Ces mots, nature, état de nature, droits naturels, opposés aux mots, société, état social et droits civils , n'ont été jusques à présent la cause de tant de disputes, que parce qu'ils n'ont pas été définis.

L'homme a reçu de la nature la faculté de changer sa situation primitive, de modifier tout ce qu'il trouverait établi, suivant qu'il le jugerait convenable à son bien-être. En usant de cette faculté, l'homme agit conformément à sa nature; il suit la loi de la nature, comme on obéit encore à une constitution politique, en la détruisant suivant les formes de révision qu'elle a établies.

Mais l'on a distingué ce que la nature a établi immédiatement, de ce qu'elle a établi médiatement et par l'intermédiaire de l'homme. L'un a été désigné sous le nom d'état de nature, l'autre sous le nom d'état social. Toute l'erreur ne vient ici que d'une fausse dénomination : au lieu d'appeler le premier état de nature, il fallait l'appeler état primitif de la nature, puisque la situation où l'homme s'est placé en vertu des facultés qu'il a reçues de la nature, est également et évidemment pour lui l'état de nature; et non-seulement le droit de propriété n'est point contraire à la nature, il est même conforme au but qu'elle semble s'être proposé. Ce but est le perfectionnement de l'espèce humaine par elle-même. Or ce sont la division des biens et le droit de propriété qui ont donné tant d'activité à l'intérêt personnel, et c'est l'intérêt personnel qui a le plus développé les facultés intellectuelles de l'homme.

Le droit de propriété a donc été voulu par la nature. Proposition qui ne détruit pas celle-ci : que le droit de propriété n'est pas un droit naturel, qu'il n'a point été établi par la nature même, et qu'elle ne l'a créé que par l'intermédiaire de l'homme.

(Note 8, page 71.)

Que le luxe de l'homme n'est point indifférent à l'ordre de la nature.

Si l'on suppose que l'homme eût dû renoncer entièrement à se servir de son intelligence, le genre humain ne se fût guères multiplié.

L'homme n'a point été créé le plus puissant des animaux ; il ne doit qu'à ses facultés artificielles la supériorité qu'il s'est acquise ; et les produits de la chasse et de la pêche doivent être considérés comme les premiers produits de l'industrie humaine.

En devenant le fléau de la nature, le destructeur ou le tyran de toutes les espèces, l'homme augmenta la part du genre humain aux productions de la terre, de tout ce qu'auraient consommé les animaux qu'il avait détruits; et reprenant dans leur chair un équivalent du produit qu'ils avaient dérobé à ses besoins, il vit sa richesse égale à la totalité des produits spontanés de la terre.

A ces premiers avantages en ajoutant de plus heureux encore, l'industrie de l'homme, commandant à la terre même, lui désigna les fruits qu'elle devait produire, la força de les multiplier, et grâces à l'art bienfaiteur et nourricier de l'agriculture , le genre humain put encore augmenter ses moyens et sa population, sans nuire même aux autres animaux.

Cependant, si les hommes n'avaient jamais connu d'autre besoin que celui du nécessaire physique; s'ils avaient borné leurs désirs, leurs jouissances et leur bonheur à se procurer ce nécessaire, ils n'eussent pu avoir d'autres biens que des alimens; il n'eussent accru leur richesse qu'en augmentant leurs moyens de subsistance : mais en devenant plus nombreux, ils eussent détruit beaucoup d'espèces animales et de végétaux.

Et, au contraire , dès qu'ils connurent le luxe, dès qu'ils surent faire servir à leurs agrémens cette variété infinie de substances qu'ils trouvèrent répandues dans l'univers, toutes leur devinrent précieuses. Loin de détruire les germes, ils multiplièrent les produits. Ainsi le luxe de l'homme ne semble lui avoir été donné que pour empêcher la destruction, et l'intéresser à la conservation de tout ce qui avait été créé.

(Note 9, page 76.)

Sur les différentes acceptions du mot Luxe.

Les mots sont d'autant moins définis qu'ils auraient plus besoin de l'être. Les langues de la morale, de la métaphysique et de l'économie politique, demandent presqu'autant de définitions qu'elles comprennent de mots.

Le mot luxe a bien plus d'une acception. Il varie d'abord en raison des temps ou des fortunes. Ce qui était luxe et objet superflu pour une génération, devient un besoin pour la génération qui lui succède. Tout est luxe pour le malheureux qui, à l'aide du travail le plus pénible, peut à peine obtenir les alimens les plus grossiers ; rien n'est luxe aux yeux de ces hommes tellement habitués à toutes les jouissances, qu'elles sont devenues pour eux des besoins.

Quelques-uns n'appellent luxe que l'excès du luxe, sans déterminer le point où il n'est pas encore et celui où il devient excès, et rassemblant alors les traits hideux de tous les vices de la civilisation, ils ont fait du luxe la satyre la plus amère et la plus justifiée.

On se sert aussi exclusivement du mot luxe pour désigner l'emploi de la richesse à des dépenses de pure vanité. L'épicurien, qui ne recherche toutes les commodités de la vie qu'en raison de son goût pour elles, passe moins pour avoir du luxe que celui qui ne désire que s'entourer d'une pompe vaine. Luxe devient synonime de faste, et c'est dans cette acception que ce mot est le plus souvent entendu.

Cependant il faut aussi un terme pour exprimer d'une manière générale, et distinguer de la consommation, des objets de nécessité, la consommation des objets superflus : c'est le sens que j'ai donné au mot luxe.

Le droit de propriété nécessitant l'inégalité des richesses, ceux que favorise cette inégalité doivent posséder un revenu supérieur à leurs besoins physiques.

La possibilité d'échanger cet excédant de revenus, et d'en obtenir un avantage, est le seul motif qui puisse lui donner quelque prix.

Cet emploi du revenu à la consommation

d'objets superflus, est donc ce qui constitue le luxe. *

Ainsi le luxe n'est que l'effet sensible de l'inégalité des richesses, ou plutôt c'est l'inégalité des biens nécessaires à l'existence, convertie en une inégalité d'objets superflus, et qui en prend les noms divers. Ainsi l'on dit, le luxe des bijoux, le luxe de la table, le luxe de l'ameublement, le luxe des habits, etc.

(Note 10, page 95.)

Que l'intérêt des gouvernemens, semblable à celui des particuliers, ne recherche un plus grand produit brut qu'autant qu'il en résulte un plus grand produit net.

A l'exception de quelques événemens extra-ordinaires qui mettraient en jeu toutes les for-

---

* C'est le sens que lui a donné l'Encyclopédie. Elle définit le luxe : *l'usage qu'on fait des richesses et de l'industrie pour se procurer une existence agréable,* etc.

L'académie française, forcée dans son dictionnaire d'expliquer le sens du mot luxe, s'en est tirée d'une manière peu digne de ce corps respectable. Après avoir détaillé quelques-unes des acceptions dans lesquelles ce mot est reçu, elle termine l'article en disant, *le luxe n'est pas aisé à définir.*

ces d'une nation, et où le gouvernement aurait
le déployement de toutes ses forces (circonstances tellement rares que les siècles modernes
en offrent à peine un exemple), le gouvernement n'est que le plus riche particulier de l'état.
Sa puissance est celle de son revenu. Il ne dispose des hommes qu'en payant leurs services;
et comme son revenu est proportionnel au produit net de la nation, quand celui-ci s'élève,
la puissance du gouvernement s'en augmente.

Ce qui importe à la puissance du gouvernement, c'est donc moins l'accroissement de la
population en général, que le pouvoir de disposer d'une plus grande partie de la population; c'est moins la fécondité de la terre ou
un plus grand produit brut, que l'augmentation
de ce qui reste après la consommation, ou
qu'un plus grand produit net. Une nation nombreuse en cultivateurs, et riche en productions, mais chez laquelle l'extrême division
des propriétés et le mode de culture ne laisse-
raient après la consommation qu'un faible produit, aurait bien moins de ressources qu'une
nation moins nombreuse et moins riche, mais
chez laquelle l'économie dans la culture et la
diminution des cultivateurs permettraient de
disposer d'une plus grande partie de la récolte;
car dans cette seconde nation le gouvernement

a bien plus de moyens d'acheter les services des sujets, et il achètera ceux d'un nombre d'hommes d'autant plus grand que l'agriculture et l'industrie en laisseront plus sans emploi.

Cependant je ne prétends pas dire ici que le gouvernement doive agir comme l'intérêt particulier, qu'il ne doive pas rechercher de préférence toutes les dépenses qui sont d'un intérêt plus général ; je n'ai en vue ici que les élémens de sa richesse et de sa puissance. Je considère le gouvernement comme voulant lever des armées nombreuses, faire des préparatifs formidables, et je pense qu'il parviendra d'autant plus facilement à ce but, que chaque citoyen jouira d'un plus grand revenu; conséquemment, que l'intérêt des gouvernemens, semblable en ceci à l'intérêt particulier, ne doit pas rechercher le plus grand produit brut, mais seulement le plus grand produit net.

(Note 11, page 142.)

Le luxe influe-t-il plus que l'économie sur l'accroissement de la population ?

Des politiques, en convenant que le nombre des citoyens ne peut être qu'en raison du nombre des emplois, se servent de cette proposition même pour prouver les avantages du luxe, *sans lequel il n'y aurait dans la société que des emplois serviles et domestiques.*

J'ai aussi énoncé cette opinion. Il me paraît incontestable que le luxe est nécessaire aux nations civilisées, et que l'absence de tout luxe serait pour elles le plus grand des maux. Mais de ce que le luxe est nécessaire, s'en suit-il que plus de luxe produira toujours plus de bien ?

Ceux qui soutiennent l'affirmative, s'appuient des motifs suivans.

L'industrie est mieux servie par le luxe, qui lui achète et lui paye ses marchandises, que par l'économie, qui se borne à lui prêter des capitaux. Il importe peu que le luxe consomme davantage, et que les magasins du commerce soient moins remplis. L'industrie aura d'autant plus d'activité que les besoins des consommateurs seront plus pressans, et qu'ils se renouvelleront plus promptement.

Il y a ici une erreur de fait, et un vice de raisonnement.

Premièrement, l'économie achète les marchandises de l'industrie concurremment avec le luxe ; la seule différence est que l'économie achète pour conserver, et le luxe pour consommer.

Secondement, il n'est pas indifférent que le fonds de réserve de la société soit plus ou moins considérable. La somme de monnaie qui existe dans la circulation, représente et ne peut représenter que la quantité de marchandises possédées par la nation. S'il y a moins de marchandises, la monnaie en représente moins ; ce qui s'exprime dans le langage ordinaire, en disant que le prix des marchandises est élevé. Si le prix des marchandises est élevé, l'ouvrier demande un plus fort salaire pour subvenir à ses besoins. La main-d'œuvre est plus chère, et quoique l'industrie dispose de la même quantité de monnaie, elle ne pourrait plus acheter le même nombre de bras.

Examinons de plus près encore le mouvement produit par l'accroissement du luxe ou de la dépense.

Je suppose que tout le numéraire circulant soit d'abord séparé en deux parties égales, dont l'une salarie le travail, tandis que l'autre est employée à la consommation; je suppose qu'une partie de la première somme soit ensuite détournée de sa destination et ajoutée à la seconde: le prix de certaines marchandises augmentera nécessairement, et cette hausse procurera un bénéfice proportionnel à quelques marchands et à quelques fabricans. Il est vrai que le dés-

ordre serait presque aussitôt réparé si l'économie de ces derniers ressaisissait le capital dis-
sipé par la prodigalité : mais les marchands
dont les bénéfices se seront élevés au-delà de
leurs espérances, croiront pouvoir augmenter
aussi leur consommation ; ils concourront de
leur côté à élever le prix des autres marchandises ; ils procureront des bénéfices à d'autres
fabricans, qui les imiteront encore : ainsi le
luxe produira le luxe, la dissipation entraînera
la dissipation, et la même somme d'argent ira,
circulant de mains en mains, acheter et faire
consommer beaucoup de marchandises, avant
d'être employée de nouveau par l'économie.

D'un autre côté, s'il est vrai que l'économie
des uns puisse réparer la prodigalité des autres, ce second résultat prouve doublement les
avantages de l'économie et les inconvéniens du
luxe ; et il confirme cette opinion, que l'économie, en augmentant les fonds de réserve de
la société, permet à l'industrie d'employer plus
de bras, tandis que l'excès du luxe détruit la
population, lorsqu'il est tel qu'il dissipe les
fonds de réserve de la société, et porte la consommation des peuples au-delà de leurs revenus.

(Note 12, page 146.)

Sur les écoles de travail.

Ce que j'ai dit des ateliers de charité n'est point applicable à ces écoles qui ont pour but de rassembler des enfans vagabonds, de les habituer au travail, et de les rendre propres à quelque métier. L'état s'enrichira un jour d'avoir plus de citoyens actifs et intelligens. Cependant ces sortes d'établissemens sont plus philantropiques encore que patriotiques; car ils ont beau multiplier les ouvriers, l'industrie n'emploie jamais ceux-ci qu'en proportion de ses capitaux : mais le nombre excédant, au lieu de former des mendians à charge à la société, s'expatrie et va chercher de l'emploi chez les étrangers.

Si ces émigrations sont surtout favorables à l'humanité, ces transfuges ne sont pas toujours entièrement perdus pour l'état. Plusieurs lui rapporteront un jour leurs richesses. Ils peuvent faire plus. La petite principauté de Neufchatel, l'état le plus riche de l'Europe proportionnellement à son étendue, doit toute sa fortune à un orphelin que la ville a élevé, auquel elle a donné quelques secours pour l'aider à sortir du pays, et qui, quarante ans après, par un mouvement bien touchant de reconnaissance, a légué à sa patrie un héritage de plusieurs millions.

(Note 13, page 152.)

Sur les improductifs.

Les économistes français n'ont appelé productifs que ceux dont les travaux multiplient les produits de l'agriculture. Leur système a été renversé, et les ouvriers qui ajoutent à la valeur des produits agricoles, les commerçans qui transportent les marchandises et les conservent dans leurs magasins, ont été également honorés du nom de productifs. En adoptant cette définition, Smith y a ajouté qu'il était des services personnels plus intéressans pour la société que des marchandises, et il a placé ceux qui rendaient les premiers avant ceux qui fabriquaient les seconds. Le citoyen Garnier, traducteur de Smith, est encore allé plus loin : il a prétendu que les hommes les plus improductifs par leur travaux, pouvaient devenir productifs par l'emploi de leurs fonds; il en a conclu que des classes, apelées improductives, étaient souvent très-productives, par leur économie. Cette idée, très-bien développée dans la note XX de la dernière traduction du Traité des richesses, est aussi neuve qu'elle est exacte : elle avait même échappé à Smith, des principes duquel elle est cependant une conséquence très-juste et très-immédiate.

(Note 13 bis, page 165.)

Sur la vente des immeubles.

Les propriétés sont sans doute des immeubles par leur nature. Mais le titre de propriété est un meuble, et l'imagination conçoit qu'il puisse se céder ou se transporter aussi facilement qu'un contrat, et même qu'un billet à ordre ou une lettre de change. Ce ne sont donc que des motifs d'intérêt général qui ont porté les législateurs à entourer d'autant de formes les ventes des propriétés. Des lois récentes avaient voulu les favoriser, en substituant l'ordre des hypothèques suivant la date de leurs inscriptions, à l'ordre des hypothèques

19

suivant la date des contrats, parce que, d'après ce nouvel ordre de choses, l'acquéreur, faisant inscrire sur le champ le prix de son acquisition, primait les créanciers qui ne s'étaient point encore présentés, et ne craignait plus que ceux-ci vinssent lui contester son acquisition.

Le projet de code civil présenté en l'an X, propose de rétablir les formes anciennes. Le citoyen Portalis, dans son éloquent discours préliminaire, appuie ce retour à l'ancien régime hypothécaire des motifs suivans.

« Pour gouverner la masse des hommes avec « sagesse, on doit supposer les plus mauvais d'en- « tr'eux meilleurs qu'ils ne sont : les lois doivent « montrer une certaine franchise, une certaine « candeur. Il faut laisser quelque latitude à la « confiance et à la bonne foi. Des formes inquié- « tantes et indiscrètes perdent le crédit sans étein- « dre les fraudes. Les nouvelles lois sur les hypo- « thèques paralysent toutes les affaires de la so- « ciété, fatiguent toutes les parties intéressées « par des procédures ruineuses ; et avec le but « apparent de conserver l'hypothèque, ne sont « propres qu'à la compromettre. »

Quelqu'imposant que soit le nom de Portalis, je ne me rendrais pas à ces motifs. N'y a t-il que les plus méchans des hommes qui empruntent au-delà de leurs moyens ? Ce fait est-il tellement rare que la loi ait à peine besoin de le prévoir? La publicité de l'hypothèque paralyse le crédit de celui qui doit, elle augmente le crédit de celui qui ne doit rien : ne vaut-il pas mieux favoriser ce dernier ? Enfin, comment peut-on savoir si des lois qui n'existent que depuis dix ans, sont plus ruineuses pour les parties que les anciennes formes, suivant lesquelles une direction de créanciers durait quelquefois plus de cinquante ans, et était comprise dans la vente de l'étude d'un procureur, comme un long revenu qu'il laissait à son successeur ?

La morale et l'avantage de la société font désirer que le propriétaire n'ait point la faculté de donner un gage trompeur. L'avantage de la société et celui du propriétaire de bonne foi, demandent que ce dernier puisse justifier sa solidité, parce qu'il payera un plus modique intérêt. L'avantage de la société et celui du capitaliste veulent que la créance soit assurée ; que l'ordre des hypothèques soit établi d'avance; qu'il ne donne pas lieu à d'interminables procès ; qu'il ne nuise point à la circulation de la propriété. Ces principes me paraissent incontestables ; mais il faut convenir qu'un changement dans les lois civiles présente toujours cet inconvénient, que les lois nouvelles, qui obligent,

sont moins connues que les lois anciennes, qui
n'obligent plus. Cet inconvénient est d'autant
plus grand, que les lois prescrivent des for-
malités dont l'inobservance compromet les fortunes des citoyens. Les nouvelles lois sur les
hypothèques ont souvent sans doute produit ce
résultat; mais c'est bien moins parce qu'elles
sont mauvaises que parce qu'elles sont nouvelles.

(Note 14, page 189.)

Sur les douanes.

Toutes les nations qui ont établi des impôts
indirects, ne sauraient se passer de douanes,
puisque les douanes sont le seul moyen de
percevoir un droit sur les produits étrangers
destinés à la consommation intérieure. Les
douanes, ou plutôt les impôts indirects, présentent alors un grand but d'utilité en permettant de tenir à un prix élevé et hors de la portée du peuple, les différens objets de luxe,
et surtout ceux qui peuvent devenir des besoins
nouveaux pour la nation; car c'est un principe incontestable, que tout ce qui augmente
la consommation diminue la richesse. Le thé,
le café, et surtout le tabac, ne remplacent

aucun article de consommation, et leur usage, devenu général, appauvrit les nations européennes de tout ce qu'elles donnent pour obtenir ces productions exotiques.

Si l'intérêt national demande un impôt sur les marchandises importées, il s'oppose à ce que l'on en établisse un sur les objets d'exportation. Établir un droit sur l'exportation des matières premières, c'est nuire à l'agriculture, qui ne peut alors fournir qu'aux manufactures nationales, et qui ne renouvelle plus ses productions qu'en raison de leur demande. Imposer les ouvrages des manufactures, c'est diminuer leurs bénéfices, c'est les empêcher de vendre, c'est nuire à l'industrie et même à l'agriculture. Il ne serait avantageux à une nation de percevoir un droit à l'exportation d'une marchandise, qu'autant qu'elle en aurait le monopole. C'est ce qui a permis à l'Angleterre d'établir des droits sur l'exportation de ses produits coloniaux.

Mais les douanes sont surtout utiles en ce qu'elles offrent à un habile administrateur le moyen d'obtenir l'entière liberté du commerce.

Une nation puissante, en favorisant également toutes les nations, ne doit pas souffrir qu'il y en ait de plus favorisée qu'elle.

Je gémis avec tous les philosophes de tout

ce qui peut être un sujet de guerre; mais je n'en connais pas de plus légitime pour un peuple, que la liberté de son commerce. Il est honteux à l'ancien gouvernement français d'avoir permis que les vins du Portugal fussent moins taxés en Angleterre, que les vins de France.

La nation la plus faible a toujours un moyen de faire respecter ses droits. Dès que l'on veut nuire au développement de son industrie, elle doit répondre à des prohibitions par des prohibitions; et comme tous les peuples fournissent nécessairement beaucoup de marchandises à ceux dont ils se plaignent d'en recevoir beaucoup, ils aperçoivent aussitôt le danger de leur système. J'aime à voir la Hollande forcer le grand Colbert et le puissant Louis XIV à revenir sur leurs mesures répressives, en les menaçant de fermer ses ports aux vins de France.

Cette loi du talion est d'autant meilleure qu'elle est toujours confirmée par l'opinion. Dès qu'une taxe et une prohibition sont présentées comme de justes représailles, l'orgueil national s'intéresse à leur exécution.

(Note 15, page 197.)

Sur la liberté du commerce des grains.

Le plan que je me suis tracé, de n'établir que des principes généraux, m'a fait renvoyer à une note ce qui est relatif à la défense d'exporter les grains.

Tous les motifs qui demandent la liberté du commerce pour les autres marchandises, le demandent également pour les grains ; il est même d'autant plus inutile d'en défendre la sortie, que, le prix des grains venant à baisser par la défense d'exporter, l'agriculture recherchera d'autre récolte, et que les produits de la terre sortiront sous une autre forme, avec cette seule différence que la nation obtiendra un retour moins avantageux. Quelque contraires que soient aux progrès de l'agriculture, le défaut de liberté du commerce étranger, et la défense d'exporter les grains, ils le sont encore moins que le défaut de liberté du commerce intérieur et la défense d'emmagasiner ; car les inquiétudes du peuple conspirent toujours contre sa sûreté. Emmagasiner des grains, est aux yeux des hommes, même sou-

vent les plus sensés, un accaparement crimi-
nel, une odieuse spéculation : comme si spé-
culer, ce n'était point acheter dans l'espoir de
revendre avec bénéfice ; comme si ce n'était
point par des spéculations que le grand corps
du peuple est fourni de tous les objets nécessaires à ses besoins et à ses goûts. Ignore-t-on
que ce n'est pas l'humanité, que c'est l'intérêt
particulier seul qui approvisionne la société,
et qu'empêcher d'emmagasiner des grains, c'est
forcer la société à posséder moins d'objets de
subsistance ?

Mais dans une question qui tient de si près
à l'existence, il est si difficile d'être jugé de
sang-froid, que la raison même doit renoncer
à se faire entendre : si le défaut de liberté
du commerce est contraire aux progrès de
l'agriculture, d'un autre côté, la concurrence
des marchands étrangers ou nationaux ferait
hausser le prix des grains et nuirait à l'intérêt des consommateurs. La situation des
malheureux ne leur permet que d'envisager
l'intérêt présent, et leurs cris forceront toujours la société de leur sacrifier son avantage
à venir.

Comment donc concilier avec la défense d'exporter les grains, les encouragemens dont l'agriculture a besoin ? Comment, malgré les pré-

jugés contre le commerce des grains, pourvoir à l'insuffisance d'une mauvaise récolte, et suppléer aux approvisionnemens du commerce? Je ne connais qu'un moyen; encore peut-il être la source des plus terribles maux.

Puisque le peuple, rassuré sur tous les objets de consommation par les emmagasinemens du commerce, ne veut point l'être sur le plus précieux de tous, les prévoyantes spéculations du gouvernement peuvent seules remplacer les spéculations plus intéressées et plus sûres du commerce.

Si le gouvernement est forcé de défendre l'exportation des grains, l'énorme consommation qu'il en fait pour ses armées, l'autorise à en acheter toujours une quantité égale à la partie de la récolte qu'il juge excéder la consommation annuelle; et pour se donner une base à cet égard, il doit fixer un prix au-delà duquel il achète tout ce qui se présente au marché.

Je sais combien il peut paraître dangereux pour la liberté publique de remettre les subsistances du peuple entre les mains du gouvernement * : mais si la nation ne veut pas renoncer

* Si la France a fait sous le ministère de l'abbé Terray, une funeste épreuve de ce moyen; il en faut

à des préjugés homicides, elle n'a plus de choix qu'entre des inconvéniens; un gouvernement dénué de moyens et de ressources, la livre nécessairement à toutes les horreurs de l'anarchie et à tous les maux de l'imprévoyance. La richesse, la puissance et la prospérité nationales, peuvent être au contraire le fruit d'un sage et fort gouvernement; et, si confiée à l'imbécillité ou à la tyrannie, une grande autorité peut aussi asservir et avilir une nation, elle présente au moins une chance pour le bonheur, tandis qu'il n'en est aucun avec un gouvernement impuissant.

---

accuser et l'immoralité du ministre et la manière dont s'est faite l'opération.

Les approvisionnemens des gouvernemens doivent être lents et successifs, comme le seraient ceux du commerce, qui n'achète pour emmagasiner qu'autant que le prix des marchandises est au-dessous de leur prix habituel.

Si le gouvernement, dans les années d'abondance, et en proportion de cette abondance, forme un approvisionnement, la France possédera, au bout d'un certain nombre d'années, une richesse immense en moyens de subsistance. Cette opération n'aura jamais nui d'une manière sensible aux consommateurs, et elle aura encouragé l'agriculture : de grands achats, faits brusquement et en une année, appauvrissent, au contraire, et le gouvernement et l'état, et produisent tous les maux dont le peuple accuse un accaparement.

(Note 16, p. 213.)

Sur les monnaies.

Je n'ai point traité dans mon ouvrage, et j'ai cru devoir renvoyer à un examen particulier, les différens problèmes relatifs à la fabrication des monnaies métalliques : le premier de ces problèmes est celui-ci :

« *Peut-il être de l'intérêt d'un gouver-*
« *nement d'aliéner la valeur de ses*
« *monnaies ?*

Je vais tâcher de bien préciser d'abord l'état de la question.

Dans notre situation actuelle, la monnaie est une portion de métal dont le gouvernement garantit le poids et la pureté. Ce n'est ni la puissance ni l'autorité du gouvernement qui donne une valeur à la monnaie : elle en a une, comme contenant un métal que l'opinion adopte pour tous les échanges ; elle est préférée au métal brut, parce qu'elle est plus commode, et parce que son coin et son empreinte dispensent de la peser et de l'essayer. La variation du poids et du titre à chaque refonte, n'empêche point que la monnaie ne soit facilement reçue dans la circulation, parce qu'à

chaque refonte le poids et le titre des nouvelles pièces sont estimés par l'opinion, et que
leurs rapports de valeur avec les différentes
marchandises se règlent en conséquence de
cette évaluation.

En France, et au moment où j'écris, le louis
est de deux gros d'or au titre de vingt-deux
karats. Si ces mots *louis* et *deux gros d'or*
étaient synonimes dans notre langue, si le premier donnait nécessairement l'idée du second,
on ne pourrait pas plus demander, si le louis
peut être moins de deux gros, que l'on ne peut
demander si une once peut être moins d'une
once, si une chose peut ne pas être elle:
mais comme le mot *louis* ne signifie rien par
lui-même, comme le gouvernement s'est réservé
la faculté de fixer le rapport de ce nom à une
portion de métal qu'il change à son gré, il
peut altérer la valeur réelle représentée par
le mot *louis* ou *écu;* mais le résultat de cette
opération prouve combien l'autorité des gouvernemens est impuissante pour augmenter la valeur des monnaies.

Et en effet, l'échange avec l'étranger ne varie
point, en raison même de ce qu'il paraît
varier. Le rapport des marchandises et des
monnaies étrangères avec les métaux, reste le
même. On donne toujours la même quantité

des premières pour obtenir le même poids
des seconds, et conséquemment l'on donne
d'autant moins d'objets d'échange pour les nouvelles monnaies, que celles-ci contiennent
moins de substance métallique. Cette conversion de monnaies n'a d'influence que sur tous
les engagemens et sur tous les revenus stipu-
lés en valeur nominale, qui diminuent en proportion de ce que la valeur réelle des monnaies a diminué. Tout autre changement n'est
qu'illusoire ; et il est inconcevable que les
peuples ne s'aperçoivent pas de la fiction, et
qu'ils s'indignent de ce que l'étranger ne veut
plus donner la même valeur pour une monnaie
dont la valeur n'est plus la même.

Les gouvernemens ne changent donc que
la valeur et le sens des mots, ils ne changent
point la valeur des choses; mais ils dénatu-
rent les conventions particulières, ils blessent
la justice d'une manière générale, en permettant aux uns de s'acquitter envers les autres
avec une valeur réelle moindre que celle qu'ils
avaient promise.

Une pareille opération ne peut présenter
aucun avantage à la société, mais au moins en
offre-t-elle à la fortune des gouvernemens.

On a prétendu qu'elle pouvait momentanément offrir de grandes ressources, et c'est le

motif qui a toujours fait adopter cette mesure.
Je ne contesterai pas la possibilité de ce bénéfice ; mais je prétends qu'à quelque somme
qu'il puisse s'élever, le gouvernement fera une
perte encore plus considérable.

Par la diminution de la valeur réelle de la
monnaie, l'état a moins à payer et moins à
recevoir. La balance serait égale si l'état n'a-
vait que des dettes, mais il a des dépenses à
faire, et toutes ses dépenses s'élèvent en proportion de ce que la valeur nominale des
monnaies présente une moindre valeur réelle.
Dans le fond, ce ne sont pas les dépenses du
gouvernement qui ont augmenté, ce sont ses
revenus qu'il a diminués lui-même: il y supplée
par des emprunts ou de nouveaux impôts ;
mais quand il ne fait que rétablir l'équilibre
qu'il a dérangé sans nécessité, il est accusé
par tous les consommateurs de la hausse des
marchandises, et par tous les citoyens, de l'augmentation des impôts et de l'accroissement de
la dette publique.

Si le gouvernement pouvait n'avoir en vue
que l'accroissement de sa fortune, il aurait
un grand intérêt à l'opération contraire.

Qu'il déclare vouloir rendre aux monnaies
une partie de leur antique valeur, détruite
par des altérations successives (idée qui flatte

toujours les peuples); qu'il annonce une refonte
générale, en prévenant qu'il rendra, poids pour
poids, titre pour titre, toutes les espèces qui
lui seront apportées ; qu'il fixe à un marc, p.
ex. le poids que contiendront nécessairement
neuf écus de cinq francs : le prix des marchandises paraîtra baisser, le change paraîtra s'élever, le revenu du gouvernement s'augmentera
dans la proportion de quarante-cinq à la valeur actuelle du marc d'argent.

Il est vrai que les charges du peuple en
seront accrues, que les créanciers seront favo-
risés aux dépens des débiteurs, ce qui est plus
encore à éviter que de favoriser les débiteurs
aux dépens des créanciers. Il est vrai que l'intérêt des gouvernemens ne doit jamais se sépa-
rer de l'intérêt de la société, et que ce dernier
demande, sous peine des plus funestes résultats, que l'on ne change jamais le rapport de
la valeur nominale avec la valeur réelle des
monnaies. *

Ainsi, en revenant au problème que je me
suis d'abord proposé, il faut conclure, 1.º que

---

* Le gouvernement français aura donné, en l'an XI, le
premier exemple d'un gouvernement qui, en réfor-
mant son système monétaire, conserve exactement aux
nouvelles monnaies la valeur des anciennes.

la monnaie a une valeur physique et matérielle ; 2.° que cette valeur est inaltérable,
parce que, dès qu'elle s'altère, son nom change
et indique cette altération ; 3.° que, si le nom
légal d'une monnaie indiquait sa valeur réelle,
on ne pourrait pas changer sa valeur nominale, et que c'est par un abus de mots,
parce que les noms des monnaies ne déterminent aucune valeur, que l'on a pu changer
le rapport du nom avec la chose ; et enfin
que cette astucieuse opération est injuste,
odieuse, nuisible à la société, et destructive de
la fortune des gouvernemens.

2.ᵉ Problème.

Quels doivent être les droits et les béné-
fices du gouvernement sur la fabrication
des monnaies ?

Les gouvernemens peuvent fixer le prix de
la fabrication, comme un ouvrier fixe le prix
de sa main-d'œuvre; mais il est un taux qu'ils
ne peuvent outrepasser, et c'est le commerce
qui détermine ce taux.

En effet, ou le gouvernement fabrique
pour les particuliers, ou il fabrique pour
lui-même. Dans la première supposition, le

particulier qui veut échanger des lingots contre
de la monnaie, peut se procurer celle-ci de
deux manières, 1.º en portant ses lingots à la
monnaie, 2.º en les échangeant librement et par
le moyen du commerce. Or, le gouvernement
détermine bien le droit de fabrication, mais
le commerce règle le prix du marché; et le
droit de fabrication ne peut jamais être au-
dessus du prix du marché, parce que je ne porte-
rai jamais au gouvernement un lingot, s'il
me donne moins de monnaie en échange que
je n'en obtiendrais par le commerce.

Dans la seconde supposition, si le gouvernement fabrique pour lui-même, il lui est nécessaire d'acheter des lingots, et il ne les achète
qu'avec de la monnaie. L'échange de la monnaie contre des lingots est un échange libre,
que règle le commerce seul; le bénéfice que
fait le gouvernement sur la fabrication, ne peut
être alors qu'en proportion de la supériorité
de valeur que le métal monnayé obtient dans
le commerce sur le métal non monnayé, et la
valeur de la monnaie s'élève en proportion
du besoin réel qu'a la société d'augmenter les
signes de ses échanges. Si cependant le prix
du métal monnayé et du métal non monnayé
était le même, poids pour poids, titre pour
titre, il ne pourrait y avoir de bénéfice sur

la fabrication; ce serait une preuve que la société posséderait suffisamment de monnaie,
et sa rareté apparente ne proviendrait que
d'un vice dans la circulation, auquel on ne
remédierait point en augmentant les monnaies.
Enfin le prix de la monnaie ne peut guères
descendre au-dessous du prix des lingots, parce
qu'une monnaie est un lingot en même temps
qu'une monnaie, à moins cependant que le
gouvernement ne propose de donner plus de
métal monnayé pour recevoir moins de métal
non monnayé; opération ridicule, absurde,
et à laquelle on ne pourrait croire, si l'histoire de notre administration monétaire n'en
offrait plus d'un exemple. Mais à quelque
somme que le commerce permette d'élever le
bénéfice de la fabrication, ce bénéfice n'ajoute
rien à la valeur intrinsèque et matérielle de
la monnaie; et c'est encore parce que la science
emploie des termes qui ne sont pas définis,
que l'on a pu les regarder comme en faisant
partie. Le nom de la monnaie doit indiquer
le poids et le titre du métal qu'elle contient.
Le gouvernement déclare *ce qu'est la monnaie;* il ne déclare point et ne peut déclarer
ce qu'elle vaut.

Une once d'argent monnayé n'est jamais
qu'une once d'argent, quoique souvent elle

puisse valoir davantage qu'une once d'argent en lingots.

3.ᵉ Problème.

Le gouvernement peut-il fixer le rapport de valeur entre des monnaies composées d'un métal différent ?

Quand la loi fixe le rapport de valeur entre deux métaux, elle prétend fixer ce qui n'est pas de son ressort, car le commerce établit aussi ce rapport, et c'est la décision du commerce qui est adoptée. Il faut donc toujours revenir à ce principe, que *la loi, en attestant le titre et le poids du métal que contient une monnaie, ne peut que déterminer sa valeur réelle, mais que c'est le commerce seul qui détermine sa valeur relative.* *

---

* La nouvelle loi sur les monnaies a continué de fixer la valeur relative de l'or et de l'argent. Mais le rapporteur de la loi n'est point disconvenu des principes qui s'opposaient à cette fixation. Il a seulement objecté que le moment d'une refonte générale était peu favorable pour hasarder l'exécution d'une idée nouvelle. Rien n'est plus sage sans doute qu'un pareil motif : les gouvernemens doivent d'autant plus craindre d'innover, que le peuple accuse toujours leurs innovations de tous ses maux, quelqu'é-

4.ᵉ Problème.

Le remède de poids et le remède d'aloi ne sont-ils pas trop considérables ?

Je laisse aux métallurgistes à résoudre ce problème, en leur observant que l'art monétaire se perfectionnera d'autant plus que ces remèdes seront moins considérables.

---

trangers que soient ces maux à leurs innovations. D'ailleurs la loi qui fixe le rapport de valeur des métaux précieux, peut offrir des avantages et ne présente aucun inconvénient, tant que la proportion déterminée par la loi, est la même que celle établie par le commerce ; mais si elle en diffère, le prix des marchandises augmente, et le cours du change diminue en raison de ce qu'un des métaux est trop apprécié, parce que le vendeur et l'étranger prévoient qu'ils seront remboursés avec ce métal ; et par une conséquence nécessaire, le métal, plus estimé par le commerce que par la loi, tend à sortir du pays et y fait rentrer, mais avec perte, le métal, plus estimé par la loi que par le commerce.

Ce principe n'est cependant point applicable aux métaux qui forment la monnaie pour les appoints. Tant que leur quantité n'est point assez considérable pour remplacer les métaux précieux, ils circulent pour toute leur valeur nominale, quelqu'inférieure qu'elle soit à leur valeur intrinsèque, et leur peu de valeur réelle n'influe point sur la hausse des marchandises ni sur la baisse du change avec l'étranger.

(Note 17, page 239.)

Sur la Suisse.

La Suisse passait autrefois pour le pays gouverné par les meilleures lois, et l'on a toujours vanté l'austérité de ses mœurs. J'ai vu la Suisse, et je crois pouvoir assurer qu'il n'est pas en théorie de lois plus mauvaises qu'étaient les siennes. Qui voudrait vivre dans un pays où le pouvoir législatif et le pouvoir judiciaire reposent dans les mains qui gouvernent? qui voudrait, au hasard de s'y trouver paysan ou bourgeois, naître dans un état où les rangs étaient séparés par les plus injurieuses distinctions; où tout était privilége; où le cultivateur le plus riche ne pouvait donner une éducation libérale à ses enfans; où le paysan n'avait le droit de vendre ses productions qu'aux bourgeois de la ville, etc. ? Si la tempérance et la chasteté sont des vertus nécessaires pour les bonnes mœurs, les mœurs de la Suisse ne valaient pas mieux que ses lois. L'ivrognerie était l'état habituel de ses peuples. La capitale de la Suisse, composée de neuf mille habitans, était la ville de l'Europe où régnait la plus crapuleuse débauche. C'était à Berne que, sous les yeux et l'autorité du gouvernement, existaient ces bains publics, où chaque baignoire avait sa Sirene. Les filles d'un ordre inférieur obéissaient presque toujours aux désirs d'un homme d'un rang plus élevé. La justice n'était pas toujours impartiale. Nulle part les brigues et les intrigues pour les élections n'était plus scandaleuses. Dans les grands cantons, les bailliages étaient donnés à des familles privilégiées, et servaient de dots et d'établissemens à leurs enfans. Dans les cantons républicains, ils étaient achetés, et leur prix était calculé sur les vexations que le candidat se promettait d'exercer sur les sujets de la Suisse. Et cependant, malgré ses mauvaises lois, la Suisse était libre et heureuse ; malgré ses mauvaises mœurs, ses familles présentaient encore le tableau des familles patriarchales.

C'était à l'économie seule que la Suisse était redevable de ce résultat. Ses magistrats avaient moins de besoins que de richesses. Ils sentaient bien qu'ils ne pouvaient conserver leur pouvoir que par la modération, et aucune passion ne les engageait à en abuser. Les femmes, essentiellement économes, étaient entièrement livrées aux soins de leur ménage. Elles n'avaient aucune idée, aucun désir de vanité, et n'étaient jamais tentées de lui sacrifier

leurs devoirs : aussi telle fille, dont la conduite n'avait point été irréprochable, devenait
une femme fidèle et une excellente mère de
famille.

L'exemple de la Suisse prouve donc que
l'économie peut tenir lieu de bonnes mœurs
et de bonnes lois, parce que l'économie empêche que les vices soient dangereux, et
parce que les gouvernemens économes ne cherchent jamais à mal user de leur pouvoir.

(Note 18, page 252.)

Sur une opinion de Montesquieu.

L'auteur de l'Esprit des lois a distingué quatre espèces de gouvernement, le démocratique,
l'aristocratique, le monarchique et le despotique. Il a prétendu que la démocratie se con-
servait par l'égalité, l'aristocratie par la modération ; que l'honneur était le gardien des mo-
narchies, et que le despotisme ne pouvait se
soutenir qu'au moyen de la terreur.

De ces quatre propositions de Montesquieu
je ne contesterai que la dernière : si son opi-

nion est utile en ce qu'elle rend le desposisme plus odieux, d'un autre coté, il serait fort dangereux que les despostes l'adoptassent, et qu'ils crussent de leur intérêt d'être cruels et féroces.

Suivant Montesquieu lui-même, ce qui constitue le despotisme c'est le pouvoir absolu. Si celui qui gouverne a renversé les lois, s'il a mis sa volonté à leur place, il n'y a pas seulement despotisme, il y a tyrannie ; car tout tyran est despote, mais tout despote n'est pas tyran.

Ce n'est pas non plus l'abus du pouvoir qui caractérise le despotisme, c'est son étendue. L'autorité de Titus, de Trajan et de Marc-Aurèle, était sans bornes, comme celle de Tibère, de Néron et de Caligula. Ils se sont servis de leur pouvoir, les uns pour le bonheur, les autres pour le malheur de l'humanité. Serait-il donc vrai que l'intérêt du despote fût de ressembler à Néron plutôt qu'à Trajan ? Montesquieu ne le pensait pas; et cependant cette opinion est une conséquence du principe qu'il établit.

Le despote recherche, 1.º le maintien de son autorité, 2.º l'accroissement de sa puissance.

Peut-être aurait-il tort de compter entièrement sur l'amour et la reconnaissance des peuples ? Mais la conservation de la société exige que le gouvernement dispose de tous les emplois nécessaires à l'administration et à la défense de l'état ; et la nature de l'état social permet ainsi au despote, de diriger et de retenir les hommes par le mobile le plus puissant sur eux, par celui de l'intérêt particulier. Ce moyen est suffisant à l'autorité ; et, remis dans des mains habiles, il est bien supérieur à celui de la crainte.

Le second intérêt du despote est l'accroissement de sa puissance. Du côté de ses sujets, elle est sans bornes et ne peut plus s'étendre ; à l'extérieur, elle ne peut s'augmenter qu'autant que celle de l'état s'augmentera. Or, le même principe qui rend les hommes plus libres et plus heureux, les rend aussi plus riches et plus nombreux. L'économie est donc favorable à toutes les formes de gouvernement : aux républiques, en ce qu'elle rend les citoyens moins dépendans les uns des autres ; aux état aristocratiques, en ce qu'elle entretient un esprit de modération ; enfin à la monarchie et au despotisme lui-même, en ce qu'elle augmente le nombre et les richesses de leurs sujets.

FIN.

DIVISION DE L'OUVRAGE.